ERICH WOLF · Harmonielehre

ERICH WOLF

Die Musikausbildung

II Harmonielehre

Akkordlehre, harmonische Funktionen,
Modulationen, Harmonisierungstechnik,
musikalischer Satz, Harmonieanalysen,
Übungen

4. Auflage

BREITKOPF & HÄRTEL · WIESBADEN
1979

ISBN 3-7651-0061-7

Printed in Germany
© 1972 by Breitkopf & Härtel, Wiesbaden
Druck und Bindung: Clausen & Bosse, Leck

VORWORT

Mit dem Erscheinen der vorliegenden „Harmonielehre", des II. Teiles des Lehrganges DIE MUSIKAUSBILDUNG Erich Wolfs, liegt nun das Kernstück des dreiteiligen Lehrganges vor. Das Buch behandelt das außerordentlich vielschichtige und schwierige Gebiet der gesamten Harmonik. Es geht aus von den Grundlagen der Harmonik — der Akkordlehre, den harmonischen Funktionen und der Modulation —, führt über die praktische Anwendung der gewonnenen Einsichten in Form von Harmonisierungen innerhalb des musikalischen Tonsatzes und endet mit harmonischen Analysen komplizierter und komplexer harmonischer Zusammenhänge anhand ausgewählter Beispiele aus der Literatur von J. S. Bach bis zur Gegenwart.

Zur Ausführung der weiteren, noch geplanten Bände innerhalb der Reihe DIE MUSIKAUSBILDUNG — Kompositionstechnik des 20. Jahrhunderts, Formenlehre, Instrumentationskunde, Partiturkunde — ist es infolge des frühen, unerwarteten Hinscheidens Erich Wolfs nicht mehr gekommen.

Der Verlag bedauert tief, daß die fruchtbare, ersprießliche Zusammenarbeit zwischen dem Autor und dem Verlag dieses vorzeitige Ende gefunden hat.

Wiesbaden, im Frühjahr 1972   Der Verlag

INHALTSVERZEICHNIS

HAUPTTEIL II

A DER MUSIKALISCHE SATZ

B DIE HARMONISCHEN FUNKTIONEN

VORBEMERKUNG ZUR METHODIK

Der umfangreiche Stoff der dur-moll-tonalen Harmonielehre findet sich in diesem Buch unter möglichst weitgehender Wahrung einer natürlich sich anbietenden Gliederung in einzelne Sachbereiche dargestellt. Den Vorzügen einer solchen Ordnung der Darstellung steht der Nachteil gegenüber, daß sie nicht in jeder Hinsicht methodisch progressiv sein kann. Es ist beispielsweise unvermeidlich, daß gelegentlich in Teilbereichen mit Begriffen gearbeitet wird, deren Erklärung in Zusammenhang mit der Darstellung eines anderen Teilbereiches erst später erfolgt. Der Schüler muß aus diesem Grunde — sofern er nicht ohnehin unter Anleitung eines Lehrers arbeitet — den im Text angezeigten Querverbindungen folgen, wenn ihm die Einzelbereiche verständlich werden sollen. Praktisch bedeutet dies, daß während der Ausbildung oft gleichzeitig an verschiedenen, einander ergänzenden Kapiteln zu arbeiten ist. Wie die Zeichen für Hinweise auf andere Kapitel zu verstehen sind, ist aus folgendem Beispiel zu ersehen:

II A, 3e   bedeutet   1. Hauptteil II
2. Sektor A („Der musikalische Satz")
3. Kapitel 3 („Stimme und Stimmführung")
4. Abschnitt e („Harmoniefremde Töne").

Dieses Buch berücksichtigt die in Beobachtung der Praxis des Harmonielehreunterrichts gemachte Erfahrung, daß ein guter Theorielehrer einen eigenen methodischen Weg bevorzugt (der zudem oft noch stark durch die Mentalität des Schülers und seine Fähigkeiten beeinflußt wird) und ein Lehrbuch als Stütze oder Repetitorium für den Schüler, als Stoffgeber für praktische Übungen aller Art und als Sammlung für Beispiele aus der Literatur benutzen möchte. Aus diesem Grunde wurde eine formale Anlage des Werkes gewählt, aus welcher jedes einzelne Sachgebiet leicht herausgegriffen werden kann und in der reiches Material für Übungsaufgaben zu finden ist, so daß der Schüler den Stand seiner Kenntnisse jederzeit selbst überprüfen kann an Hand der jedem Sachgebiet angehängten Kontrollfragen.

HAUPTTEIL I

A Einführung

1) Voraussetzungen

Ein Studium der Harmonielehre setzt voraus, daß der Schüler bereits gewisse Grundkenntnisse der Musik erworben hat. Als Grundlage sollten die wichtigsten Sachgebiete des Bereiches der „Allgemeinen Musiklehre" dienen. Das sind insbesondere: Notenlesen im Violin- und Baßschlüssel; Beherrschung der Intervalle; Kenntnis akustischer Grundbegriffe, insbesondere des Aufbaus der Obertonreihe; Kenntnis der verschiedenen Tonleitermodelle (Dur, Moll, Kirchentöne). Zudem muß der Schüler über ein gewisses Mindestmaß an klaviertechnischem Können verfügen, da die Arbeit nicht ohne praktische Übungen am Klavier durchführbar ist (hierzu gehören: Kadenzspiel, Generalbaßspiel, Improvisation und Modulation). Diese dienen dem Zweck, die Mechanismen der Tonalität, soweit sie formelhafte Konsequenzen aufweisen, praktisch zu beherrschen; einen Nebeneffekt der Klavierübung bildet das akkordische Gehörtraining, die Identifizierung von Notenbild, Griffsymbol und Klang.

Neben der praktischen Arbeit am Instrument bedient sich die Didaktik der Harmonielehre zweier einander ergänzender Arbeitsprinzipien: der Analyse von Werken der Musikliteratur mit der Absicht, Kenntnis von deren Kompositionstechnik zu gewinnen, und dem Selbstschaffen von Tonsätzen, in welchen der Schüler lernen soll, die gewonnenen Erkenntnisse anzuwenden.

Da der Bereich der dur-moll-tonalen Harmonik eine inzwischen historisch lokalisierbare Epoche ist, wird der Harmonieschüler Dinge erfahren, die charakteristisch nur für einen relativ knapp bemessenen Abschnitt der Musikgeschichte sind (wenngleich es außer Frage steht, daß dies der noch immer lebendigste und in größter Breite wirkende Abschnitt ist; zudem kann nicht außer acht bleiben, daß fast der ganze Sektor zeitgenössischer Unterhaltungs- und Popmusik sich einer tonalen Harmonik bedient).

So wird der Schüler von Regeln, Verboten, Notwendigkeiten hören und Kriterien für „richtig" und „falsch" oder „gut" und „schlecht" kennenlernen. Aber keine dieser Regeln, kein Kriterium und kein ästhetisches Gesetz sind gültig für alle Zeiten, oft sogar kaum noch übertragbar von einem Komponisten auf einen anderen oder von einem Musikwerk auf ein anderes.

Die Arbeit mit der klassischen Tonsatzlehre wirft aus diesem Grunde für Lehrer wie Schüler große, zum Teil unlösbare Probleme auf, und am Ende wird sich die Erkenntnis einstellen, daß die vereinheitlichenden Gesetzmäßigkeiten der dur-moll-tonalen Ära geringer sind als die divergierenden. Selbst die Tatsache, daß der am stärksten bindende Faktor, die Basis Dur/Moll, einen Rahmen schafft, der wenigstens eine grobe Ordnung der Kriterien gestattet, kann nicht darüber hinwegtäuschen, daß die Kompositionstechnik auch nur zweier Komponisten einem vereinheitlichenden Modus nicht mehr unterworfen werden kann, wenn diese starke Persönlichkeiten sind.

Um dem Anfänger die dur-moll-tonale Harmonielehre zunächst einmal in ihren Grundzügen verständlich zu machen, sind gewisse Vereinfachungen und Verallgemeinerungen aus methodischen Gründen erforderlich. So muß ein Lehrbuch der Harmonik ohne Rücksicht auf die riesigen Dimensionen des Stoffes das Hauptgewicht auf die Vermittlung jener Grundlagen legen, die noch weithin Allgemeingültigkeit besitzen. Es wird von hier aus dem Schüler möglich sein, den zahllosen Verästelungen des Stoffes nachzugehen.

2) *Systeme der Harmonielehre*

Es ist das Ziel der Musiktheorie, musikalische Vorgänge zu erfassen und verbal zu erklären. Hierbei sollen die Zusammenhänge, kompositorische Strukturen und Hörvorgänge definiert werden.

Die Harmonielehre zeigt das Bauprinzip der Zusammenklänge, deren Typen und ihre jeweilige Einordnung in das hierarchische Gefüge der Tonart auf. Als Basis hierfür dienen nicht nur die Kenntnisse akustischer Phänomene, sondern insbesondere auch rein praktische Erfahrungen, die mit Erkenntnis des Formelhaften, des sich Wiederholenden in der Musikliteratur gewonnen werden.

Harmonielehre ist somit nichts Erfundenes oder Erdachtes, sondern Erkanntes und Erfahrenes. Dabei bleibt sie, obgleich primär vertikal orientiert, nicht auf das rein Akkordische beschränkt, da kein harmonisches Geschehen ohne horizontale Vorgänge denkbar ist. Sie steht somit in intimer Beziehung zur linearen Tonbewegung und somit zum eigentlichen „Tonsatz", dessen technische Grundlagen mit dem Stoff der Harmonik erarbeitet werden müssen. In der Praxis der Übungen werden sich die Bereiche ständig durchdringen. (Dabei sollte in diesem Zusammenhang noch darauf hingewiesen werden, daß eine wirkliche Beherrschung des musikalischen Satzes nur dann erlangt werden kann, wenn parallel zur Arbeit mit der Harmonielehre Kontrapunktstudien betrieben werden.) Die analytische Harmonielehre arbeitet heute mit zwei Systemen, die sich zwar verschiedener Ausdrucksweisen bedienen, in den meisten grundsätzlichen Fragen aber durchaus auf demselben Fundament basieren. Man bezeichnet diese beiden Systeme als „Stufentheorie" und als „Funktionstheorie". Unterschiede in der Auffassung treten zwischen diesen Systemen vor allem bei der Beurteilung komplizierterer Akkordstrukturen und komplizierterer harmonischer Beziehungen zu Tage. Keine Unterschiede zeigen sich in der rein praktischen Tonsatztechnik oder in den Grundlagen der Akkordlehre und der harmonischen Verwandtschaften.

a) Stufentheorie

Jede Harmonie wird als „Stufe" innerhalb des tonalen Gefüges bezeichnet. Ausgehend vom ersten Ordnungskriterium einer Tonart, der Tonleiter, wird jeder Platz gemäß seinem Stellenwert in der Leiter durch Ziffern von römisch I bis VII gekennzeichnet. Dieses Stufenzeichen steht als Symbol für die ganze Harmonie, die sich auf einem Tonleiterton aufbaut. Die Ordnung der Harmonien und deren Rang ist somit an den römischen Ziffern abzulesen:

(vgl. auch die Darstellung der leitereigenen Klänge in II B, 1)

b) Funktionstheorie*)

Ein System von verwandtschaftlichen Beziehungen breitet sich von einem tonalen Zentrum aus, deren zwei Grundqualitäten „Quintverwandtschaften" und „Terzverwandtschaften" sind.

Der Bereich einer Tonart ist damit hierarchisch geordnet, jeder Akkord hat darin seinen Stellenwert und wird nach Grad und Typus seines verwandtschaftlichen Bezuges namentlich bezeichnet.

Das System der funktionalen Verwandtschaftsverhältnisse ist in II B dargestellt.

Die Funktionstheorie ist wiederum in ein „monistisches" und ein „dualistisches" Prinzip gespalten. Das monistische, welches auch dem in diesem Buch benutzten System zugrunde liegt, definiert die Harmonie nach dem Grundsatz: Aufbau der Harmonie immer v o n u n t e n n a c h o b e n ; das dualistische unterscheidet durale von mollaren Strukturen, wobei die d u r a l e n Harmonien dem Aufbaugesetz „v o n u n t e n n a c h o b e n" und die m o l l a r e n „v o n o b e n n a c h u n t e n" unterliegen.

Der E i n z e l t o n im musikalischen Satz wird als Glied einer horizontalen und einer vertikalen Ordnung betrachtet; er steht somit in analytisch definierbaren Verhältnissen. Als Bestandteil einer Harmonie eignet ihm ein bestimmter Rang, abhängig vom Stellenwert innerhalb des Zusammenklangs und dessen Wert im harmonischen Gefüge der Tonart.

Der A k k o r d als Kombination von Einzeltönen bildet eine Sinneinheit, die innerhalb des Ordnungssystems der Tonart als „Stufe" oder — im funktionalen System — namentlich bezeichnet wird.

Es ist demnach zu unterscheiden zwischen:

a) der Harmonie, die sich aus verschiedenen Einzelelementen zusammensetzt und eine eigenständige Werteinheit bildet;

b) der Stellung des einzelnen Tons innerhalb der Harmonie;

c) der Stellung des Einzeltons innerhalb melodischer Vorgänge.

---

*) Die Idee der ursprünglich dualistischen Funktionstheorie geht auf Hugo Riemann (1849-1919) zurück. Die Umgestaltung zum monistischen Prinzip erfolgte erst später durch Hermann Grabner (1886-1969).

3) Die Symbole der Funktionstheorie

Im funktionalen System werden die Anfangsbuchstaben namentlich bezeichneter Verwandtschaftsgrade als Symbole zur Kennzeichnung der Harmonien benutzt:

T, t = Tonika

S, s = Subdominante

D, d = Dominante

P, p = Parallele

G, g = Gegenklang

N = Neapolitaner

Das System der funktionalen Harmonik wird leichter durchschaubar, wenn man seine Grundlagen kennt:

1) Das Funktionssymbol kennzeichnet sowohl eine real existierende Harmonie — im einfachsten Fall einen Dur- oder Molldreiklang — als auch den ideellen Wert einer Harmonie, die entweder nur unvollständig oder überhaupt nicht vorhanden ist.

2) Man unterscheidet zwischen „Hauptharmonien" und „Nebenharmonien" einer Tonart.

   H a u p t h a r m o n i e n sind das tonale Zentrum und die darum herumliegenden q u i n t verwandten Klänge; sie werden als T o n i k a, S u b d o m i n a n t e und D o m i n a n t e bezeichnet, und es bedarf zu ihrer Symbolisierung nur jeweils eines Buchstaben (T, S, D).

   N e b e n h a r m o n i e n sind die zu den Hauptharmonien t e r z verwandten Klänge; sie werden mit Hilfe zweier Buchstaben gekennzeichnet: der erste zeigt die bezogene Hauptharmonie (T, S, D), der zweite kennzeichnet den Akkord selbst gemäß seinem Verhältnis zur Hauptharmonie — dieses kann P a r a l l e l e oder G e g e n k l a n g sein. So ergeben sich für Nebenharmonien die Buchstabenkombinationen Tp, Tg, Sp, Sg, Dp, Dg.

3) Das „Geschlecht" (Dur oder Moll) eines Akkordes oder einer bezogenen Tonart wird mit Hilfe von Klein- und Großbuchstaben gekennzeichnet:

g r o ß e　B u c h s t a b e n　bezeichnen　D u r ,

k l e i n e　B u c h s t a b e n　bezeichnen　M o l l .

4) Harmonien oder Akkordfolgen, die sich nicht auf die tonale Basis des
Gesamtkomplexes beziehen, sondern eine andere, vorübergehend angenommene Basis als Bezugspunkt haben, werden als „Zwischenharmonien", insbesondere als „Zwischendominanten" oder „Zwischensubdominanten" bezeichnet; ihre Funktionszeichen stehen in r u n d e r　K l a m -
m e r . An dem vor beziehungsweise hinter der Klammer stehenden
Funktionssymbol ist zu ersehen, welche tonale Basis für die innerhalb
der Klammer stehenden Harmonien anzunehmen ist — etwa:

T S (s⁶ D⁷) Tp S D T.

5) Das System der ergänzenden Ziffern:
Ein Funktionssymbol kann durch Ziffern, die seitlich oben rechts oder
links, direkt oberhalb oder direkt unterhalb stehen, detailliert ergänzt
werden, und zwar in folgender Bedeutung:

a) Ziffer l i n k s　o b e n　vor S oder D kennzeichnet die höheren
Quintverwandtschaften vom 3. Grad an, z. B. $^{4.}$S, $^{5.}$D;

b) Ziffer u n t e r h a l b　kennzeichnet den Baßton:
Liegt der Akkordgrundton im Baß, wird keine Ziffer gesetzt; liegen
Terz, Quinte oder Septime im Baß, wird dies durch untenstehende
3, 5 oder 7 bezeichnet, z. B.

$$\underset{3}{T}\ \underset{7}{D}\ \underset{5}{Tp};$$

c) Ziffern r e c h t s　(einzelne oder mehrere senkrecht übereinander)
kennzeichnen Töne, die sich im Akkord befinden, z. B. D⁷ D⁷ S⁵$^{9\ 6}$;
wenn hier keine Ziffern stehen, ist mit dem Funktionssymbol ein
einfacher Dur- oder Molldreiklang gemeint; durchstrichene Ziffern
bedeuten, daß die betreffenden Töne eigentlich im Akkord sein
müßten, jetzt aber fehlen, z. B. D$^{7}_{5̶}$;

d) Ziffer direkt o b e r h a l b　des Funktionssymbols bedeutet, daß der
betreffende Akkordton im Sopran liegt, z. B. T $\overset{3\ 5}{S}$;
gewöhnlich ist diese Kennzeichnung der Lage einer Harmonie nicht
erforderlich.

Chromatische Erniedrigung eines Akkordtons wird durch das Zeichen >, Erhöhung durch < gekennzeichnet, z. B. $D^{5\langle}$. $D^{7}_{5\rangle}$.

6) Die Bezeichnung der Akkordtöne als „Terz", „Quinte", „Sexte" usw. wird immer vom G r u n d t o n d e s A k k o r d e s a u s n a c h o b e n gerechnet, unabhängig davon, ob der Grundton vorhanden ist oder fehlt und an welcher Stelle er steht (er steht keineswegs immer an tiefster Stelle und ist deshalb nicht mit dem „Baßton" zu verwechseln! Siehe I C, 2c).

7) Liegende Harmonien werden durch einen waagerechten Strich, ausgehend rechts vom Funktionssymbol etwas unterhalb der Buchstabenmitte, gekennzeichnet. Es ist mit Hilfe ober- oder unterhalb des Striches stehender Ziffern möglich, wichtige melodische Bewegungen der Stimmen zu markieren. Die unterhalb des Striches stehenden Ziffern beziehen sich immer auf Bewegungsvorgänge im Baß, die oberhalb stehenden auf die verschiedenen Oberstimmen (ohne präzise Festlegung auf eine ganz bestimmte), z. B. $T\underset{1\ 2\ 3\ 1}{\rule{2cm}{0.4pt}}$, $D^{\overset{6\ 5\ 4\ 5}{4\ 3\ 2\ 3}}$.

8) D u r c h s t r i c h e n e B u c h s t a b e n bedeuten, daß der Grundton der betreffenden Harmonie fehlt. Die Akkorde sind „verkürzt" (normalerweise ist dies nur in dominantischen Akkorden der Fall), z. B. $Đ^{7}$, $Đ^{7}_{9\rangle}$.

Die Funktionssymbole*)

T, t	=	Tonika
S, s	=	Subdominante
S^5, s^5	=	Subdominante mit *sixte ajoutée* (Subdominantquintsextakkord)
S^6, s^6	=	Subdominante mit *sixte ajoutée*, aber ohne Quinte (Subdominantsextakkord)
$\text{\st{S}}$ $\text{\st{s}}$	=	Doppelsubdominante (Wechselsubdominante)
$^3\!.S, \; ^4\!.S$	=	Subdominanten höherer Grade
D	=	Dominante
D^7	=	Dominantseptakkord
$D^{7\,9}, D^{7\,9)}$	=	Dominantnonenakkord (groß und klein)
$\text{\st{D}}^{7}, \text{\st{D}}^{7\,9}$	=	Dominantsept- und Dominantnonenakkord ohne Grundton (verkürzt)
$\text{\st{D}}^{7\,9)}$	=	verminderter Septakkord als verkürzter kleiner Nonenakkord
D^V	=	vereinfachtes Symbol für den verminderten Septakkord
$\text{\st{D}}D$	=	Doppeldominante (Wechseldominante)
$^3\!.D, \; ^4\!.D$	=	Dominanten höherer Grade
Tp, TP	=	Tonikaparallele Durparallele einer Durtonika

---

*) Die hier benutzten Symbole entsprechen weitgehend dem von Hermann Grabner und Wilhelm Maler ausgearbeiteten System. Leider hat sich bis jetzt noch kein System der Funtionstheorie so allgemein durchgesetzt, daß der Autor eine absolut verbindliche Nomenklatur mitteilen könnte.

tP, tp = Tonikaparallele
Mollparallele einer Molltonika

Sp, SP = Subdominantparallele
Durparallele einer Dursubdominante

sP, sp = Subdominantparallele
Mollparallele einer Mollsubdominante

Dp, DP = Dominantparallele
Durparallele einer Durdominante

dP, dp = Dominantparallele
Mollparallele einer Molldominante

Tg, TG = Tonikagegenklang
Durgegenklang einer Durtonika

tG, tg = Tonikagegenklang
Mollgegenklang einer Molltonika

Sg, SG = Subdominantgegenklang
Durgegenklang einer Dursubdominante

sG, sg = Subdominantgegenklang
Mollgegenklang einer Mollsubdominante

Dg, DG = Dominantgegenklang
Durgegenklang einer Durdominante

dG, dg = Dominantgegenklang
Mollgegenklang einer Molldominante

N_s = Neapolitanischer Sextakkord
(mit Subdominantgrundton im Baß)

N = verselbständigter Neapolitaner (Durdreiklang auf der
erniedrigten II. Stufe in Grundstellung)

Na = Nebentonakkord

Die Bedeutung der Klammern

a) Runde Klammern

In runde Klammer werden Symbole von Harmonien gesetzt, die sich auf eine vorübergehend angenommene tonale Basis beziehen. Welcher tonale Bezug für die Klammerharmonien gültig ist, geht aus dem vor oder hinter der Klammer stehenden Funktionssymbol hervor, und zwar:

1) Wenn die Klammer keinen Zusatz trägt, beziehen sich die Harmonien auf jene harmonische Funktion, welche unmittelbar nach der sich schließenden Klammer erscheint. Diese Harmonie gilt für die innerhalb der Klammer stehenden Funktionen als bezogene Tonika. Z. B. $(S_5^6 \, D^7) \, Tp.$

2) Zeigt die sich öffnende Klammer einen nach links weisenden Pfeil, beziehen sich die innerhalb der Klammer stehenden Harmonien auf die unmittelbar vor der Klammer erscheinende Funktion. Die Klammerharmonien sind also rückbezüglich. Z. B. T Tp ←(D) S.

b) Eckige Klammern

Ein Funktionsbeispiel in eckiger Klammer, das nur in Verbindung mit einer runden Klammer vorkommt, bedeutet, daß diese Harmonie nicht erklingt, aber als bezogene Funktion für die zuvor in Klammer erscheinenden Harmonien gilt. Eckige Klammern werden erforderlich, wenn die Bezugsharmonie einer runden Klammer fehlt (ohne deren Kenntnis die Klammerharmonien nicht verständlich sind!). Die eckige Klammer steht seitlich rechts oben neben der sich schließenden runden Klammer, z. B. $(S_5^6 \, D^7) \, [T_p] \, S.$

Zur Erklärung:
In diesem Fall dient nicht die nach Schließung der runden Klammer erklingende Subdominante als bezogene tonale Basis für die Klammerharmonien, sondern die Tonikaparallele, die klanglich nicht in Erscheinung tritt.

4) Die Technik der Generalbaßnotation

Generalbaßpartien (*basso continuo*) wurden früher meist nur als Baßlinie mit ergänzenden Zahlensymbolen notiert; in gewissen Fällen hat man in einem darüberliegenden System auch noch zusätzlich eine Melodie notiert, die bei mehrstimmiger Ausführung als Oberstimme im Satz des Continuospielers erscheinen muß, sofern sie nicht von einem anderen Ausführenden (Spieler eines Melodieinstruments oder Sänger) vorgetragen wird.

Die Technik der Ausführung von Generalbaßmusik ist variabel; sie hängt von der musikalischen Gattung des Stückes ab und ist nicht unwesentlich durch die Fähigkeiten des Ausführenden am Tasteninstrument bedingt.

Einschlägige Lehrwerke aus der Generalbaßzeit lassen erkennen, daß es einst nicht unbedingt erforderlich war, bezifferte Bässe streng vierstimmig auszuführen. Der Satz konnte sich bis zur Vollgriffigkeit verdicken, wurde aber auch, insbesondere bei freien Klavierstücken, bis auf eine mit lebhaften Spielfiguren versehene Zweistimmigkeit reduziert.

Aus didaktischen Gründen empfiehlt es sich, den Anfänger Generalbaßübungen im vierstimmigen Satz mit gegebener Melodie und ohne solche in enger Lage spielen zu lassen (drei Töne eines Akkordes jeweils in der rechten Hand bei unveränderter Baßstimme in der linken Hand).

Bezifferte Bässe eignen sich aber besonders gut als Übung zum strengen vierstimmigen Satz in weiter Lage; solche Aufgaben, an denen sich leicht die Gesetzmäßigkeiten einer strengen Stimmführung üben lassen, sollten schriftlich ausgeführt werden.

Die Zahlensymbole der Generalbaßnotation

kein Zah- lensymbol beim Baß- ton	=	Baßton wird durch Terz und Quinte zum Dreiklang ergänzt
6	=	„Sextakkord"; Baßton wird durch Terz und Sexte ergänzt
6 4	=	„Quartsextakkord"; Baßton wird durch Quarte und Sexte ergänzt
4 3	=	„Quartvorhalt"; Baßton wird durch Quarte und Quinte ergänzt, die Quarte löst sich anschließend zur Terz auf
6 5	=	„Sextvorhalt"; Baßton wird durch Terz und Sexte ergänzt; die Sexte löst sich anschließend zur Quinte auf
9 8	=	„Nonenvorhalt"; Baßton wird durch Terz, Quinte und None ergänzt, die None löst sich anschließend zur Oktav auf
6 5 4 3	=	„Quartsextvorhalt"; Baßton wird durch Quarte und Sexte ergänzt, die Quarte löst sich anschließend zur Terz, die Sexte zur Quinte auf
6 7 4 3	=	„Quartsextvorhalt"; Baßton wird durch Quarte und Sexte ergänzt, die Quarte löst sich anschließend zur Terz, die Sexte wird zur Septime weitergeführt
9 8 4 3	=	„Quartnonenvorhalt", doppelter Vorhalt aus Quarte und None; Baßton wird durch Quarte, Quinte und None er- gänzt, die Quarte löst sich anschließend zur Terz, die None zur Oktave auf
7	=	„Septakkord"; Baßton wird durch Terz, Quinte und Septime ergänzt — die Quinte kann auch fehlen, wenn statt ihrer der Baßton verdoppelt wird
6 5	=	„Quintsextakkord"; Baßton wird ergänzt durch Terz, Quinte und Sexte
4 6 3 oder 4 3	=	„Terzquartakkord"; Baßton wird durch Terz, Quarte und Sexte ergänzt

$\begin{smallmatrix}6\\2 \text{ oder } 4\\2\end{smallmatrix}$ = „Sekundakkord"; Baßton wird durch Sekunde, Quarte und Sexte ergänzt

$\begin{smallmatrix}9\\7\end{smallmatrix}$ = „Nonenakkord zum Baß"; Baßton wird durch Terz, Quinte, Septime und None ergänzt — im vierstimmigen Satz fehlt die Quinte

$\begin{smallmatrix}5\\2\end{smallmatrix}$ = „Quintvorhalt zum Baß"; Baßton wird durch Sekunde und Quinte ergänzt und löst sich anschließend durch Abwärtsbewegung auf (wodurch ein Sextakkord entsteht)

$\begin{smallmatrix}5\\4\\2\end{smallmatrix}$ = „Quartvorhalt zum Baß"; Baßton wird durch Sekunde, Quarte und Quinte ergänzt und löst sich anschließend durch Abwärtsbewegung auf (wodurch ein Quintsextakkord entsteht)

Vor- und Versetzungszeichen

Die zu ergänzenden Töne sind an die Vorzeichen des Stückes gebunden — es dürfen nicht willkürlich Vorzeichen dazugesetzt oder weggenommen werden. Chromatische Veränderungen müssen in der Bezifferung kenntlich gemacht werden.

einzelstehendes Versetzungszeichen = Veränderung der Terz

4 oder 4$\sharp$ = erhöhte Quarte

4b = erniedrigte Quarte

$\sharp$ = erhöhte Quinte

5b = erniedrigte Quinte

6̶ oder 6̶ = erhöhte Sexte

6b = erniedrigte Sexte

7̶ = erhöhte Septime

7♭	=	erniedrigte Septime
9♯	=	erhöhte None
9♭	=	erniedrigte None
2 oder 2♯	=	erhöhte Sekunde
2♭	=	erniedrigte Sekunde

Besonderheiten

/ /	=	nach einer Ziffer bedeutet:
		Bezifferung gilt auch für die nächsten Baßtöne
——	=	nach einer Ziffer bedeutet:
		a) ein bestimmter Ton bleibt liegen
		b) eine ganze Harmonie bleibt liegen

Anmerkung: Wenn im Generalbaß die Rede ist von „Terz", „Quarte", „Sexte" usw., ist grundsätzlich das Intervall gemeint, das sich vom B a ß - t o n aufwärts errechnet. Die so bezeichneten Töne sind nur dann iden-tisch mit den funktionellen Akkordtonbezeichnungen (siehe I C, 2a), wenn der Akkord in Grundstellung erscheint. In allen anderen Fällen weichen die generalbaßtechnischen Akkordtonbezeichnungen von den funktionellen ab! Die widersprüchliche Bedeutung gleicher Termini ist häufig Ursache von Anfängerfehlern.

B Das Material

1) Die Tonleitern

Das Tonmaterial im Bereich der dur-moll-tonalen Musik wird gewonnen aus den sieben Stammtonstufen der Tonleitern in Dur und Moll, ihren Erhöhungen und Erniedrigungen. Die Stammtonstufen — als I., II., III., IV., V., VI., VII. Stufe bezeichnet — bilden das Kernmaterial einer Tonart und ergeben, in Sekundschritten aneinandergereiht, die Tonleiter:

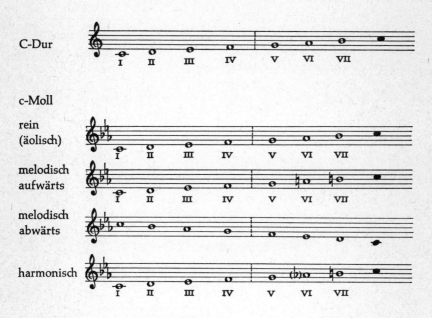

Das Material kann verfremdet werden durch den zwanglosen Gebrauch andersgearteter Tonleiterkonstruktionen, etwa der „Zigeunertonleiter" oder der „Kirchentöne".

Seit Ende des 19. Jahrhunderts zeichnet sich mit der zunehmenden Lösung von den traditionellen Tonleitermodellen und deren Ersatz durch individuell konstruierte „Modi" eine allmähliche Distanzierung von der Dur-Moll-Harmonik, schließlich von der Tonalität überhaupt ab.

2) Das erweiterte Tonmaterial

Von großer Wichtigkeit für die Dur-Moll-Tonalität ist aber die Tatsache, daß neben dem Kernmaterial (oder auch dem „leitereigenen" Tonmaterial) alle Erhöhungen und Erniedrigungen der Stammtonstufen benutzt werden. Da die Tonalität eine Hierarchie des Tonmaterials darstellt, sind sowohl alle Stammtöne wie deren Ableitungen in ein gewisses Wertgefüge innerhalb der Tonart eingeordnet, so daß jeder Einzelton des chromatischen Totals nach seiner Beziehung zum Kontext und zur Tonart gewertet und beurteilt werden kann.

Abgesehen von der Einzeltonwertung im Zusammenhang mit der funktionalen Wertung der Akkorde (siehe II B), spielen die melodischen Tendenzen innerhalb einer Tonleiter und der chromatischen Veränderungen der Stammtöne eine wichtige Rolle. Dabei dienen die nachfolgend dargestellten Faktoren als übergeordnete Kriterien:

a) Die Beziehung eines Tons primär zu oberer und unterer reiner Quinte und Quarte, sekundär zu den oberen und unteren großen und kleinen Terzen.

Darstellung der Quint- beziehungsweise Quartbeziehungen
der leitereigenen Töne in einer Durtonleiter

der erhöhten und erniedrigten Stammtöne einer Tonleiter

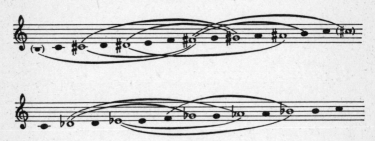

b) Die stufenweise Beziehung zu nächsten Tönen, insbesondere „leittönige" Wirkungen. Leittönig strebewirksam werden Töne, wenn sie im
Abstand kleiner Sekunden zu Nachbarstufen stehen (Voraussetzung
hierzu ist allerdings, daß die harmonischen Verhältnisse diese Wirksamkeit begünstigen). Die Durtonleiter enthält die „natürlichen" Leittöne der III. und VII. Stufe (aufwärtsstrebend) oder VIII. und IV. Stufe
(abwärtsstrebend). Künstliche Leittöne können durch Erhöhung einer
Stammtonstufe (aufwärts) oder deren Erniedrigung (abwärts) geschaffen werden.

Diese Übersicht macht deutlich, daß alle Töne auf direktem oder indi-
rektem Wege zu einem tonalen Zentrum in Beziehung gesetzt werden
können. Jeder Ton steht neben seiner absoluten Wertigkeit auch in einer
relativen Beziehung zum Zentrum, wenn er Bestandteil eines Akkordes ist,
welcher als harmonische Einheit ein eigenes Wertverhältnis zur tonalen
Basis aufweist.

3) Das Metrum

Die formale Ordnung von Tonfolgen ist zu einem wesentlichen Teil
durch den natürlich fließenden metrischen Puls, durch welchen hörbewußte
Zeiteinteilungen geschaffen werden, bestimmt. Die Qualität der schweren
und leichten Taktteile, welche Klänge in verschiedenen Bedeutungsgraden
erscheinen läßt, übt auch auf harmonische Zusammenhänge großen Einfluß
aus. So gehören, einer sinnvollen harmonischen Ordnung gemäß, gewisse
Ereignisse der Stimmführung und der harmonischen Folge an ganz bestimmte Plätze innerhalb der metrischen Ordnungsstruktur.

Es bedarf somit zur Erklärung harmonischer Zusammenhänge immer
auch der Kenntnis, mit welchen metrischen Qualitäten einzelne Akkorde
verbunden sind. Das Phänomen der dur-moll-tonalen Musik wäre ohne
diesen Zusammenhang nicht verstehbar.

Tatsächlich sind Kompositionen aus dem Bereich der dur-moll-tonalen Musik grundsätzlich einer qualitativ metrischen Zeitproportionierung verbunden — eine Feststellung, die keineswegs übertragbar ist auf andere kompositionstechnische Ordnungsschemata, da abweichend zur metrischen Ordnung auch quantitierende Zeiteinteilungen, nach denen keine Qualifikation im Sinne einer metrischen Wertordnung erfolgt, in gewissen Stilbereichen der Musik von Bedeutung sind.

C Akkordlehre

1) Vorbemerkung

Es könnte keine Akkordlehre geben, wenn nicht aus der Vielzahl von Möglichkeiten, Zusammenklänge zu bilden, ganz bestimmte Modelle von Intervallkombinationen als „Typen" anerkannt und gebräuchlich wären.

Im Bereich der dur-moll-tonalen Musik und ihren Vorläufern ist die Grundstruktur aller akkordisch zu wertenden Zusammenklänge die Kombination zweier übereinandergestellter Terzen, die als „Dreiklang" bezeichnet wird. Ausgehend von dieser einfachen Konzeption ist durch verschiedenartige Mittel eine reichhaltige Akkordik zu bilden, die vielfältige Formen annehmen kann. So ist der Dreiklang

> — durch Hinzufügung von weiteren Terzen oder durch Sekundzusätze zu erweitern (Septakkorde, Nonenakkorde etc., Klänge mit Ajoutierungen);

> — durch „Vertretung" einzelner seiner Töne durch andere in seiner Struktur zu ändern;

> — durch chromatische Veränderung einzelner oder mehrerer seiner Töne zu modifizieren (Alterationen);

> — mit anderen Klängen zu kombinieren (Mischklänge);

schließlich ist der Dreiklang in seiner Klangfarbe manipulierbar:
> durch Vervielfältigung seiner Töne, durch Verlagerung der Töne in verschiedene Höhenregister, durch Umstellung der Töne und einer dadurch verursachten scheinbaren Änderung seiner Intervallkonstellation (Umkehrungen).

Daß es dabei nicht bleibt, zeigt sich an der Literatur des ausgehenden 19. und beginnenden 20. Jahrhunderts. In zunehmendem Maße sind seit dieser Zeit auch Zusammenklänge gebräuchlich, die nicht in die klassische Akkordvorstellung passen und fast durchweg komplizierter aufgebaut sind; sie enthalten oft so viele divergierende Momente, daß eine harmonisch-konstruktive Ordnung nur noch mühsam analytisch zu entdecken ist. Die Entwicklung tendiert zu Beginn des 20. Jahrhunderts zu andersgearteten Akkordstrukturen. Der tonale Bezug muß damit nicht grundsätzlich aufgehoben sein; es tritt aber deutlich zutage, daß das alte Ordnungssystem der funktionalen Tonalität hier seine Kraft verloren hat und an seine Stelle andere Bezugssysteme treten.

Liegen einer Musik andere Gesetzmäßigkeiten zugrunde als die der Dur-Moll-Tonalität, bekommt auch der Zusammenklang eine andere Wertung. Dieser ist nicht mehr generell auf das Bauprinzip des klassischen Dreiklangs zurückzuführen, selbst wenn hie und da gewisse Ähnlichkeiten auftreten sollten. Ordnungssysteme wie das der Zwölftonmusik oder serielle Bauprinzipien schaffen Voraussetzungen für Zusammenklänge, die unter ganz anderen Gesichtspunkten gebildet sind und vom Ohr dank andersgearteter Zusammenhänge anders gehört werden. Völlig losgelöst von der traditionellen Vorstellung des Akkord- und Harmoniebegriffes sind schließlich Klangbilder, die in der neuesten Musik bevorzugt Anwendung finden: oben und unten (zwanglos) begrenzte Felder, die einen Klangraum mit Hilfe stehender oder bewegter Stimmen hörbar machen; Klänge, deren Details vom Ohr nicht mehr erfaßt werden können.

Der Begriff der Dissonanz

Die Definition der Intervallqualitäten mittelalterlicher Theoretiker als „Konsonanzen" und „Dissonanzen"*) wirkt sich in der dur-moll-tonalen Harmonielehre zunächst so aus, daß alle Harmonien, die aus mehr als den drei zur Darstellung von Dur- oder Molldreiklängen erforderlichen Tönen bestehen, als „dissonante Akkorde" betrachtet werden. Dies betrifft somit sämtliche Sept- und Nonenakkorde und alle Akkorde mit Ajoutierungen. Des ferneren gehören hierzu auch alle Harmonien, die verminderte oder übermäßige Intervalle enthalten.

---

*) siehe DIE MUSIKAUSBILDUNG Band 1 „Allgemeine Musiklehre" Seite 50 ff.

Einer alten Gesetzmäßigkeit zufolge hatte sich ein dissonanter Wert zu einem konsonanten aufzulösen, ein dissonanter Zweiklang mußte zu einem konsonanten Intervall, ein dissonanter Akkord zu einem konsonanten geführt werden. Diese Notwendigkeit war durch das Phänomen begründet, daß der dissonanten Zusammenklängen innewohnende Reizwert eine Spannung verursacht, die durch Entspannung — klanglich also durch Harmonien ohne Reizwert — zu lösen war.

Mit einer im Laufe der Entwicklung zunehmend komplizierter werdenden Harmonik verschob sich die klangliche Wertempfindung immer weiter in die Richtung des dissonanten Reizklanges, ohne daß damit das Gefälle von Spannung zu Entspannung im Prinzip aufgehoben worden wäre. Im Stilbereich der Hochromantik und des Impressionismus ist das Verhältnis so zu verstehen, daß die Auflösung des stärkeren Reizes der geringere ist oder, anders ausgedrückt, die schärfere Dissonanz sich zur milderen auflöst. *)

Seit der ersten Hälfte des 19. Jahrhunderts findet man Beispiele, wo Harmonien, die nach konservativer Auffassung dissonant sind, nicht mehr schulmäßig aufgelöst werden. Eine Akkordlehre der Folgezeit kann nur noch sehr bedingt mit den Begriffen Konsonanz und Dissonanz arbeiten, da diese genau genommen nicht mehr definierbar sind. Es gab im 20. Jahrhundert verschiedene Versuche von Theoretikern, das Problem der Akkordlehre grundsätzlich neu zu durchdenken und in einer anderen Systematik als der der konventionellen Harmonielehre darzustellen. Einer der interessantesten Beiträge zu dieser Frage scheint dem Verfasser das 1936 entwickelte, allerdings keineswegs unumstrittene theoretische System Paul Hindemiths zu sein.**)

2) Die Dreiklänge

Zwei übereinandergestellte Terzen ergeben einen Dreiklang. Man kennt verschiedene Arten von Dreiklängen:

D u r d r e i k l a n g (große + kleine Terz) (a)

M o l l d r e i k l a n g (kleine + große Terz) (b)

---

*) Ernst Kurth, Die romantische Harmonik und ihre Krise in Wagners Tristan
**) Paul Hindemith, Unterweisung im Tonsatz, Mainz 1936/1940.

übermäßiger Dreiklang (große + große Terz) (c)

verminderter Dreiklang (kleine + kleine Terz) (d)

hartverminderter Dreiklang (große + verminderte Terz) (e)

hartverminderter Dreiklang (verminderte + große Terz) (f)

a) Definition der Akkordtöne

Die Töne eines Dreiklanges werden namentlich bezeichnet. Für Dur-, Moll- und einen Teil der hartverminderten Dreiklänge gelten als Bezeichnungen „Grundton", „Terz" und „Quinte".

G r u n d t o n ist Hauptton des Akkordes, auf dem sich der Klang aufbaut und durch welchen sein verwandtschaftlicher Rang innerhalb der bezogenen Tonart, die „Stufe", bestimmt wird.

Die T e r z bestimmt das Geschlecht des Akkordes.

Die Q u i n t e ergibt den Klangrahmen, durch welchen der Grundton in seiner Bedeutung gestützt wird.

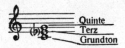

Die Bezeichnung der Töne von übermäßigem und vermindertem Dreiklang ist abhängig von deren jeweiliger harmonischer Position (siehe I C, 6 b, 2; II B, 2).

Muß aus technischen Gründen auf einen Ton verzichtet werden, kann im Dur- und Molldreiklang die Terz oder auch die Quinte fehlen; der leere Quintklang — bei fehlender Terz — klingt hohl und geschlechtsneutral (er ist insbesondere in sehr alter und neuerer Musik häufig anzutreffen); weniger Beeinträchtigung des klanglichen Sättigkeitsgrades ist bei fehlender Quinte zu verspüren.

Es sei hier auf einen typischen Anfängerfehler hingewiesen: die Be=
nennungen der Akkordtöne sind nicht zu ersetzen durch Funktionsbe=
zeichnungen. So kann man die Quinte eines Akkordes nicht als „Domi=
nante" bezeichnen, weil unter Dominante eine ganze, selbständige
Harmonie zu verstehen ist. Ein Akkord kann demnach „Tonika" oder
„Dominante" als Ganzheit sein, es gibt aber nicht innerhalb eines
Akkordes eine Tonika oder Dominante (vgl. II, B).

b) Definition der Lagen

Die „Lage" eines Akkordes ist durch seinen h ö c h s t e n Ton bestimmt:

O k t a v l a g e — an höchster Stelle steht der Grundton (a)

T e r z l a g e — an höchster Stelle steht die Terz (b)

Q u i n t l a g e — an höchster Stelle steht die Quinte (c)

G-Dur-
Dreiklang

Der Begriff „Lage" darf nicht verwechselt werden mit den „Stellungen"
eines Akkordes (s. u.)!

Im Zusammenhang mit der Technik vom mehrstimmigen Satz spricht man
von „weiter" und „enger Lage". Dies ist ein satztechnisches Phänomen
und hat nichts mit der Definition der Lage eines einzelnen Akkordes zu
tun (vgl. II, A 3, d).

c) Die Stellungen des Dreiklangs

Die „Stellung" eines Akkordes wird durch seinen t i e f s t e n Ton
bestimmt. Steht an tiefster Stelle nicht der Akkordgrundton, spricht man
von U m k e h r u n g.

Dur- und Molldreiklang und der hartverminderte Dreiklang können in
den drei Stellungen erscheinen

G r u n d s t e l l u n g — Grundton an tiefster Stelle (a)

1. Umkehrung — Sextakkord — Akkordterz an tiefster Stelle (b); Generalbaßzeichen 6

2. Umkehrung — Quartsextakkord — Akkordquinte
an tiefster Stelle (c); Generalbaßzeichen $^6_4$
Es handelt sich hier um den echten Umkehrungsquartsextakkord, der nicht mit Vorhalts-, Durchgangs- oder Wechselnotenquartsextakkord verwechselt werden darf!
(II A, 3 e 1; e 2; e 3)

C-Dur-
Dreiklang

Die Stellung eines Akkordes ist nicht von dessen Lage abhängig; die Lage eines Akkordes ist nicht von dessen Stellung abhängig.

Von vermindertem oder übermäßigem Dreiklang lassen sich ebenfalls Umkehrungen bilden, deren Definition von den Benennungen der Einzeltöne abhängig ist (beide Dreiklänge können als „vagierende Akkorde" — vgl. I C, 6 b — verschiedene funktionale Bedeutungen annehmen, von welchen wiederum die Benennung der Einzeltöne abhängig ist).

Zu den Generalbaßzeichen der Dreiklänge vergleiche man I A, 4.

Für normale Dur- und Molldreiklänge, die kein besonderes Versetzungszeichen benötigen, stehen folgende Generalbaßbezifferungen:

a) Grundstellung: gilt als selbstverständlich; deshalb wird dem Baßton keine Bezifferung zugefügt.

b) Sextakkord: 6

c) Quartsextakkord: $^6_4$

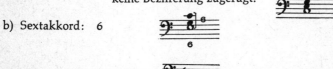

d) Fragen

1) Was ist ein „Dreiklang"?

2) Welche verschiedene Arten von Dreiklängen gibt es?

3) Wie werden die Töne eines Dreiklangs bezeichnet?

4) In welchen „Lagen" kann ein Dreiklang erscheinen?

5) Was versteht man unter den „Stellungen" des Dreiklangs?

6) Wie werden die verschiedenen Stellungen bezeichnet?

7) Welches sind die Generalbaßbezifferungen für die Umkehrungen eines Dreiklangs?

e) Schriftliche Aufgabe

Löse die Aufgabe 1 in III B!

3) Die Septakkorde

Drei übereinandergestellte Terzen ergeben einen Septakkord. Da es möglich ist, jeder Dreiklangsform eine weitere Terz hinzuzufügen, die groß oder klein, in gewissen Fällen auch übermäßig oder vermindert sein kann, gibt es eine große Anzahl verschiedenartiger Septakkorde:

Die gebräuchlichsten Typen werden nach dem Septintervall und der Form des darunter liegen Dreiklangs benannt:

> kleiner Durseptakkord (kleine Septime über Durdreiklang) (a)
>
> großer Durseptakkord (b)
>
> kleiner Mollseptakkord (c)
>
> großer Mollseptakkord (d)
>
> verminderter Septakkord (verminderte Septime über vermindertem Dreiklang) (e)

a) Definition der Akkordtöne

Bei allen Septakkorden, die einen Grundton enthalten (im Gegensatz zu den „verkürzten Akkorden", siehe II B, 2 b, 3), ergeben sich die Bezeichnungen der Einzeltöne wiederum beim Aufbau in Terzenschichtung von unten nach oben

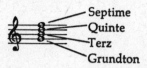

Ohne Beeinträchtigung der harmonischen Bedeutung kann im Septakkord die Quinte (sofern diese nicht vermindert oder übermäßig sein soll) fehlen, was hier und da gewisse stimmführungstechnische Vorteile mit sich bringt.

b) Die Stellungen des Septakkordes

Wie beim Dreiklang wird die Stellung eines Septakkordes von seinem tiefsten Ton bestimmt. Die vier Stellungen eines Septakkordes mit Grundton (in den Beispielen an einem Dominantseptakkord von C-Dur gezeigt) sind

Grundstellung — Grundton an tiefster Stelle (a)

1. Umkehrung — Quintsextakkord — Akkordterz
unten (b)

2. Umkehrung — Terzquartakkord — Akkordquinte
unten (c)

3. Umkehrung — Sekundakkord — Akkordseptime
unten (d)

Die Generalbaßzeichen der Septakkorde (vgl. I A, 4)

a) Grundstellung: 7

b) Quintsextakkord: $\begin{smallmatrix} 5 & 6 \\ 6 & 5 \\ & 3 \end{smallmatrix}$

c) Terzquartakkord: $\begin{smallmatrix} 4 & 6 \\ 3 & 4 \\ & 3 \end{smallmatrix}$

d) Sekundakkord: $2 \begin{smallmatrix} 4 & 6 \\ 2 & 4 \\ & 2 \end{smallmatrix}$

c) Fragen

1) Was versteht man unter dem Begriff „Septakkord"?

2) Welche Arten von Septakkorden gibt es und wie sind sie zu bezeichnen?

3) Wie werden die Töne des Septakkordes bezeichnet?

4) Welche verschiedenen Stellungen des Septakkordes gibt es und wie heißen sie?

5) Welches sind die Generalbaßzeichen für den Septakkord und seine Umkehrungen?

6) Welcher Ton kann im Septakkord fehlen?

d) Schriftliche Aufgaben

Löse die Aufgaben 2—4 aus III B!

4) Nonenakkorde, Undezimenakkorde, Terzdezimenakkorde

Septakkorde können durch Aufbau weiterer Terzen ergänzt werden zum N o n e n a k k o r d (a, b), U n d e z i m e n a k k o r d (c, d) und T e r z - d e z i m e n a k k o r d (e). Namentlich der Nonenakkord ist in diesem Zusammenhang als klassisches Akkordmodell mit meist dominantischer Bedeutung (siehe II B, 2 b, 1) hervorzuheben. Man unterscheidet zwischen dem „großen" (a) und „kleinen Nonenakkord" (b) („groß" und „klein" definiert hier nur das Intervall der None, darunter steht in jedem Fall ein kleiner Durseptakkord):

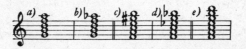

Unschwer sind in derartigen Akkordstrukturen die Bestandteile von zwei, mitunter sogar drei oder mehr Dreiklängen zu erkennen. Man spricht deshalb auch von „Mischharmonien" (siehe I C, 5 e).

Der vollständige Nonenakkord besteht aus fünf Tönen („Fünfklang"). In einem Satz mit weniger Stimmen läßt er sich nur unvollständig darstellen — gewöhnlich wird auf die Quinte, seltener auf einen anderen Ton verzichtet. Typisch für Nonenakkorde sind „Verkürzungen" (siehe II B, 2 b, 3).

Auch Nonenakkorde können in Umkehrungen erscheinen; meist stehen in solchen Fällen Terz, Quinte oder Septime im Baß — unvorteilhaft klingt die Stellung mit None im Baß. Aus klanglichen Gründen ist es empfehlenswert, den Akkord so zu stellen, daß die None nicht in unmittelbare Nähe zum Grundton gerät (als Sekundintervall). Meist findet sich der Akkord im Satz mit obenliegender None.

a) Fragen

1) Welche Akkorde ergeben sich, wenn man Septakkorde um eine oder mehrere Terzen erweitert?

2) Welche Arten von Nonenakkorden sind voneinander zu unterscheiden und wie werden sie bezeichnet?

3) Welche Töne dürfen im Nonenakkord fehlen?

b) Schriftliche Aufgabe

Löse die Aufgabe 5 aus Kap. III B!

5) *Akkorde mit abweichenden Bauprinzipien*

a) Akkorde mit Vertretertönen

Unter gewissen Umständen sind einzelne Akkordtöne durch Nebentöne ersetzbar. Häufige Vertretungen in Dreiklängen sind: Sexte statt Quinte, Sekunde oder Quarte statt Terz. In den meisten Fällen handelt es sich hierbei um nicht aufgelöste Vorhalte (siehe II A, 3 e, 1). Die Akkorde sind in der harmonischen Analyse dann so zu werten, als ob die vertretenden Töne zu einer Auflösung führen würden.

b) Nebentonakkorde

Die freie Kombination von Nebentönen einer nachfolgenden oder vorangehenden Harmonie ergibt Zusammenklänge, die harmonisch unselbständig und deshalb als eigenständige Funktionen nicht wertbar sind. Die Stimmen in derartigen Akkordbildungen pflegen meist stufenweise, speziell leittönig, oft auch chromatisch weiterzurücken. Gewöhnlich enthalten derartige Akkorde intensive Dissonanzwerte, die zu einer Auflösung drängen (zur Kennzeichnung derartiger Akkorde bedient man sich des Symbols Na [Nebentonakkord], vgl. II A, 2 d):

Fr. Schubert
„Frühlingstraum"

Auch „verminderte Septakkorde" können als Nebentonakkorde erscheinen; sie haben in solchen Fällen keine dominantische Bedeutung:

c) Ajoutierungen

Durch Zusätze von Nebentönen zu den Haupttönen lassen sich Akkorde um dissonante Werte bereichern. Besonders typisch ist Hinzufügung („Ajoutierung") der S e x t e zu Dur- und Molldreiklängen; Drei- und Vierklangharmonien können aber auch durch Ajoutierung von S e k u n d e oder Q u a r t e zu Reizklängen erweitert werden.

Als charakteristischer dissonanter Klang gilt in der klassischen Harmonielehre die S u b d o m i n a n t e m i t h i n z u g e f ü g t e r S e x t e (S u b d o m i n a n t e m i t *sixte ajoutée*, siehe II B, 2 c, 2).

d) Quartenakkorde

In der Spätzeit der Dur-Moll-Tonalität taucht hier und da ein aus Quarten gebildeter Klang, der Q u a r t e n a k k o r d, auf. Er ist infolge der labilen Konsistenz der Quarte harmonisch-funktional schwer zu deuten und hat insgesamt nur untergeordnete Bedeutung.

Quartenakkorde bestehen aus beliebig vielen übereinandergestellten überwiegend reinen, möglicherweise zum Teil auch verminderten oder übermäßigen Quarten.

e) Mischharmonien

Kompliziertere Akkordstrukturen lassen sich oft als M i s c h k l ä n g e oder M i s c h h a r m o n i e n deuten. Hierzu gehören bereits N o n e n - und U n d e z i m e n a k k o r d e, da deren Tonmaterial als aus mehreren Einzelharmonien zusammengesetzt erscheint, was die Definition mehrerer

Akkordzentren (Grundtöne) an Stelle von gewöhnlich nur einem begünstigt. In den meisten dieser Fälle ist es freilich unwahrscheinlich, daß die
Existenz mehrerer Grundtöne in einem Klang auch gehörsmäßig verständlich wird.

Bei der relativ einfachen Mischung von Bestandteilen aus den beiden
Harmonien S u b d o m i n a n t e und D o m i n a n t e, wie dies beispielsweise im v e r m i n d e r t e n S e p t a k k o r d, in N o n e n -
a k k o r d e n oder auch in der S u b d o m i n a n t e m i t *sixte
a j o u t é e* der Fall ist, wird insgesamt nur e i n harmonischer Komplex
wahrgenommen. Anders ist dies bei Klangmischungen, die durch O r g e l -
p u n k t e oder B o r d u n b ä s s e verursacht werden: hier ist unter Umständen tatsächlich eine zweigleisige Harmonik hörbar. Auch die häufig in
Klassik und Romantik vorzufindenden Kombinationen von T o n i k a
und D o m i n a n t e lassen die divergierenden Bestandteile des Klanges
deutlicher ins Bewußtsein treten.

In neuerer tonaler Musik sind zahlreiche typische Klangverschär-
fungen als Mischharmonien zu deuten — etwa die Kombination von gleich-
namigem Dur und Moll (hier ist allerdings nur ein einziger Grundton vorhanden). Häufig finden sich hier aber auch Akkordgebilde, die aus hete-
rogenen Einzelelementen zusammengesetzt sind:

I. Strawinsky, „Le sacre   R. Strauss, „Elektra"
du printemps"

Fürstner Ltd., London — B. Schott's Söhne, Mainz

a) Kombination von Fes-Dur-Dreiklang (fes-as-ces) und einem auf
   Es aufgebauten Dominantseptakkord (es-g-b-des);

b) Kombination von d-Moll-Dreiklang (d-f-a) und es-Moll-Drei-
   klang (es-ges-b);

c) Kombination von Des-Dur-Dreiklang (des-f-as) und der leeren
   Quinte e-h, die später zum e-Moll-Dreiklang ergänzt wird.

Die konsequente Benutzung von gemischten und folgerichtig miteinander verbundenen Harmonien führt zwangsläufig zum Prinzip der Polytonalität, das darauf beruht, daß Vorgänge auf verschiedenen tonalen Ebenen miteinander kombiniert werden.

f) Fragen

1) Was ist unter „Akkorden mit Vertretertönen" zu verstehen?
2) Was versteht man unter „Nebentonakkorden"?
3) Was bedeutet der Begriff „Ajoutierung"?
4) Wie sind „Quartenakkorde" aufgebaut?
5) Was versteht man unter „Mischharmonien"?
6) Was ist „Polytonalität"?

6) Alterierte Akkorde, vagierende Akkorde

a) Alterierte Akkorde

Alterationen entstehen durch chromatische Erhöhung oder Erniedrigung einzelner Akkordtöne. Man spricht aber nur dann von „alterierten Akkorden", wenn durch derartige Veränderungen die harmonisch-funktionale Wirksamkeit dieser Akkorde verstärkt wird. Alterationen dienen dazu, stimmführungstechnisch neutrale Töne zu Leittönen umzuformen und ihnen damit eine intensiver wirkende Tendenz zu einer bestimmten Auflösung zu verleihen. Durch Alterationen entstehen innerhalb eines Akkordes auch stärkere Spannungsverhältnisse, da sie die Bildung übermäßiger und verminderter Intervalle verursachen und damit den Dissonanzgehalt erhöhen.

Nach traditionellen Gesetzmäßigkeiten müssen derartige Akkorde zu konsonanten Harmonien oder Klängen mit geringerem Dissonanzwert aufgelöst werden. Alterationen, die nicht der erhöhten funktionalen Spannung, sondern des Klangkolorits wegen vorgenommen werden, finden sich erst gegen Ende des 19. Jahrhunderts und dienen vor allem im impressionistischen Stilbereich zur Erweiterung der harmonischen Möglichkeiten.

Alterierte Akkorde im traditionellen Sinn werden fast nur in der harmonischen Bedeutung von D o m i n a n t e n (auch Z w i s c h e n d o m i n a n t e n) und S u b d o m i n a n t e n gebraucht (siehe II B, 2 b, 5 und c 5).

b) V a g i e r e n d e A k k o r d e

Klänge, deren akustische Charakteristik mehrdeutig ist, werden als v a g i e r e n d e A k k o r d e bezeichnet. Dazu gehören Akkorde, deren Struktur in Umkehrungen klanggleiche Intervallbilder ergeben — das sind der „verminderte Septakkord" und der „übermäßige Dreiklang"; im weiteren Sinn zählt man zu den vagierenden Akkorden auch solche Klänge, in denen die enharmonische Verwechslung von einzelnen Tönen und damit eine Änderung der harmonischen Bedeutung möglich ist. Außer den schon oben genannten Akkorden gehören hierzu auch die „alterierten Akkorde".

Welche Bedeutung einem vagierenden Akkord im jeweiligen Fall zukommt, ergibt sich aus dem Zusammenhang und kann analytisch definiert werden.

1. Verminderter Septakkord

Sofern dieser Akkord nicht als Nebentonakkord aufzufassen ist (vgl. I C, 5 b), gehört er einer harmonischen Molltonart als Harmonie auf der VII. Stufe an. Er verhält sich funktional wie eine Dominante (man beachte die stimmführungstechnischen Besonderheiten bei der Auflösung des Akkordes! vgl. II B, 2 b, 3). Der Akkord läßt sich verschiedenartig notieren; jede Schreibweise definiert seine Beziehung zu einer ganz bestimmten Tonart. Im folgenden Beispiel ist viermal derselbe Klang notiert — es ist zu ersehen, daß nur die erste Schreibweise einen Akkord in Grundstellung zeigt:

a) verminderter Septakkord auf der VII. Stufe von *g-Moll* in Grundstellung

b) verminderter Septakkord auf der VII. Stufe von *e-Moll* in der 1. Umkehrung

c) verminderter Septakkord auf der VII. Stufe von *cis-Moll*
   in der 2. Umkehrung

d) verminderter Septakkord auf der VII. Stufe von *b-Moll*
   in der 3. Umkehrung

2. Übermäßiger Dreiklang

Ähnlich wie der verminderte Septakkord kann auch der übermäßige
Dreiklang als Nebentonakkord, außerdem als alterierter dominantischer
Dreiklang aufgefaßt werden. Unabhängig von dieser Definition kann er als
Harmonie auf der III. Stufe einer harmonischen Molltonart stehen. Durch
enharmonische Verwechslung seiner Töne sind Bezüge zu verschiedenen
Tonarten herstellbar:

a) übermäßiger Dreiklang als III. Stufe von *cis-Moll*
   in Grundstellung

b) übermäßiger Dreiklang als III. Stufe von *a-Moll*
   in der 1. Umkehrung

c) übermäßiger Dreiklang als III. Stufe von *f-Moll*
   in der 2. Umkehrung

d) übermäßiger Dreiklang als III. Stufe von *des-Moll*
   in Grundstellung

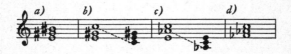

Funktional kann der übermäßige Dreiklang als Tonika oder Dominante
erscheinen (II B, 2a und II B, 2b, 2).

3. Dominantseptakkord / übermäßiger Quintsextakkord

Der kleine Durseptakkord, harmonisch als Dominante einer Tonart zu verstehen, kann durch enharmonische Verwechslung der Septime zu einem übermäßigen Quintsextakkord umgewandelt werden und als solcher entweder alterierte Dominante einer anderen oder alterierte Subdominante einer dritten Tonart sein:

a) Dominantseptakkord auf der V. Stufe von *C-Dur* in Grundstellung

b) übermäßiger Quintsextakkord als alterierter verminderter Septakkord auf der VII. Stufe von *fis-Moll* in der 1. Umkehrung

c) übermäßiger Quintsextakkord als Subdominante mit hochalterierter *sixte ajoutée* auf der IV. Stufe von *D-Dur* in Grundstellung

(Vgl. in diesem Zusammenhang die Kapitel über Alterationsformen dominantischer und subdominantischer Akkorde II B, 2b, 5 und II B, 2c 5).

c) Fragen

1) Was versteht man unter „Alteration"?

2) Was sind „alterierte Akkorde"?

3) Welche charakteristischen Merkmale muß ein alterierter Akkord haben?

4) Was bedeutet der Begriff „vagierende Akkorde"?

5) Welche Akkordmodelle sind als „vagierende" zu bezeichnen?

6) Welche verschiedenen Bedeutungen kann ein „verminderter Septakkord" haben?

7) Auf welcher Tonstufe in welchem Tongeschlecht steht ein „übermäßiger Dreiklang"?

8) Welche verschiedenartigen tonalen Zugehörigkeiten kann ein übermäßiger Dreiklang durch enharmonische Verwechslung seiner Töne annehmen?

9) Worin unterscheidet sich ein „übermäßiger Quintsextakkord" von einem „Dominantseptakkord"?

10) Welche verschiedenartigen tonalen Zugehörigkeiten kann ein verminderter Septakkord durch enharmonische Verwechslung seiner Töne annehmen?

d) Schriftliche Aufgaben

1) Löse die Aufgabe 6 aus Kap. III B!

2) Löse die Aufgabe 7 aus Kap. III B!

HAUPTTEIL II

A Der musikalische Satz

1) Grundfragen

Die Darstellung musikalischer Ereignisse in Noten wird als S a t z bezeichnet. Die Summe der zur Schaffung eines Satzes benutzten technischen Mittel ist die S a t z t e c h n i k. Jede musikalische Epoche weist typische, von denen anderer Epochen sich unterscheidende Satzbilder auf.

Zur Ausbildung des Harmonieschülers gehört das Selbstschaffen von Tonsätzen; solche Übungen werden meist vierstimmig angelegt („vierstimmiger Satz") und sind, soweit sie überhaupt über das Formelhafte hinausgehen, Kopien nach historischen Vorbildern, sozusagen das in Regeln gefaßte Substrat der technischen Mittel eines Komponisten, einer Komponistenschule oder einer Epoche.

Alle mitgeteilten Regeln sind, sofern nicht ohnehin die Beschränkung auf einen ganz spezifischen Personalstil beabsichtigt ist (wie bei kontrapunktischen Übungen etwa auf den „Palestrinastil"), von relativer Gültigkeit. Es läßt sich keine Regel mitteilen, gegen die nicht irgendwann von großen Komponisten verstoßen wurde. Zudem sind in Kompositionen mit höheren Ansprüchen die kompositorischen Mittel im allgemeinen vielfältiger, komplizierter und in gewissem Sinne auch großzügiger. In einem einfachen Volksliedsatz gelten nicht die gleichen stimmführungstechnischen und harmonischen Gesetzmäßigkeiten wie in einer Bachschen Motette, und ein vierstimmig gesetzter Choral unterliegt anderen technischen Kriterien als ein Streichquartett von Beethoven.

2) Die Darstellung der Harmonie

Mit H a r m o n i e oder A k k o r d werden Klänge bezeichnet, die sich aus mehreren einzelnen Tönen zusammensetzen. Eine Harmonie ist innerhalb eines Satzes „Funktion", das heißt, sie steht in einem ganz bestimmten Sinnzusammenhang im Gewebe der aufeinanderfolgenden Klänge und zur Basis einer Tonart. Man spricht von h a r m o n i s c h e r

Funktion (oder einfach Funktion), wenn die Wirksamkeit einer Harmonie in bezug auf den Zusammenhang definiert werden soll (die Benennung und Bewertung von Funktionen ist Gegenstand von II B).

Satztechnisch ist der Begriff Harmonie großzügiger aufzufassen als der Begriff Akkord. Beide unterliegen zwar im Hinblick auf die Zusammensetzung ihrer Töne denselben konstruktiven Merkmalen; mit Harmonie meint man generell das Zusammenwirken von Tönen zu einer funktional wirksamen Klangeinheit, auch wenn diese nacheinander erklingen, wogegen unter Akkord das Zusammenklingen von Einzeltönen verstanden wird.

Ein Zusammenklang ist gekennzeichnet durch seine obere und untere Begrenzung — den Ambitus, d. h. den höchsten und tiefsten Ton — und die Füllung dieses Klangraumes. Es ist von entscheidender Bedeutung für die harmonische Wirksamkeit eines Klanges, in welcher Weise der Klangraum erfüllt wird; ein Beispiel soll dies veranschaulichen.

Der Raum einer Oktave läßt sich mit einer Totale von 11 Tönen ausfüllen. Dieser Klangraum wird dadurch modifiziert, daß nur einige ausgesuchte Töne benutzt werden oder aber daß bei Benutzung der Totale (wie dies etwa in der „chromatischen Tonleiter" der Fall ist) einzelne Töne mit Hilfe des metrisch ordnenden Taktsystems hervorgehoben und in der harmonischen Wertung den anderen übergeordnet werden. Es gibt zahlreiche Möglichkeiten, den gekennzeichneten Klangraum mit traditionellen Akkordmodellen zu füllen, die alle namentlich und im Hinblick auf ihre funktionale Wirksamkeit bezeichnet werden können:

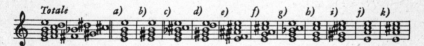

Die Akkordanalyse hat zunächst festzustellen:

a) welche Töne sind im Akkord enthalten, und welche nicht zum Akkord gehörenden „harmoniefremden" Töne sind für seine Bewertung belanglos;

b) welches ist der tiefste, welches der höchste Ton? (damit sind Stellung und Lage des Akkordes zu bestimmen);

c) welcher der Töne gilt als Grundton, oder — falls ein Grundton nicht vorhanden ist — wo außerhalb des Akkordes ist ein Grundton latent wirksam?

  d) wie weit sind die einzelnen Töne voneinander entfernt?
     (Definition von w e i t e r und e n g e r L a g e des Satzes).

Die Analyse stößt auf zwei Schwierigkeiten, die zu bewältigen Erfahrung voraussetzen; nämlich:

  a) welche Töne sind im Klang enthalten, die nicht zum Akkordmodell gehören (und natürlich: mit welcher Rechtfertigung sind sie da?)?

  b) auf welche Weise ist der G r u n d t o n der Harmonie zu finden, ohne dessen Kenntnis die harmonische Funktion nicht ermittelt werden kann; erst nach Feststellung des Grundtons sind die anderen Töne sinngemäß einzuordnen.

a) Die Definition des Grundtons

In Akkorden, die nach dem einfachen Prinzip der Terzschichtung gebildet sind (Dreiklänge, Sept- und Nonenakkorde) ist der Grundton relativ einfach zu ermitteln: die beteiligten Töne werden, unabhängig von ihrem realen Platz im Klanggefüge, so zusammengesetzt, daß sie terzweise übereinander stehen. Der so sich ergebende t i e f s t e Ton (der nicht identisch sein muß mit dem tatsächlich tiefsten klingenden Ton) erweist sich als G r u n d t o n, sofern der Akkord nicht v e r k ü r z t ist und deshalb gar keinen Grundton enthält. Die auf Seite 37 stehenden Akkorde ergeben bei Terzschichtung

Mit Ausnahme des Akkordes *c*, der als v e r m i n d e r t e r S e p t - a k k o r d ohne Grundton steht, lassen sich die Grundtöne nach dieser Umstellung leicht ablesen.

Schwieriger ist die Grundtondefinition in Akkorden mit Ajoutierungen und Vertretertönen (weil sie bei Terzschichtung ein falsches Bild ergeben). Hier kommt die harmonische Analyse des Kontextes zu Hilfe, wonach zu beurteilen ist, wie ein Akkord sinngemäß in den Ablauf eingeordnet werden kann; damit erklären sich Funktion und Grundton von selbst.

b) Harmonien ohne harmoniefremde Töne

Einstimmig

Ohne harmoniefremde Töne ergibt die einstimmige Darstellung einer Harmonie einen „gebrochenen Akkord". Einige der zahlreichen Möglichkeiten, den C-Dur-Dreiklang als gebrochenen Akkord darzustellen, seien hier aufgezeigt:

Das Lied „Drunten im Unterland" zeigt durch die Melodieführung, die aus Akkordbrechungen besteht, genau die immanente Harmonik an:

Zweistimmig

Schon durch den Zusammenklang zweier Töne kann eine Harmonie — obgleich unvollständig realisiert — deutlich erkennbar dargestellt werden. Da der Kontext einen klaren harmonischen Sinn ergibt, wird die Mehrdeutigkeit des Zweiklanges meist zugunsten einer der verschiedenen Möglichkeiten entschieden:

Die mit * versehenen Akkorde zeigen an, wie ein Zweiklang gedeutet werden kann.

Das satztechnische Prinzip der Zweistimmigkeit bedient sich häufig, insbesondere im Instrumentalsatz, der Akkordbrechung zur Darstellung einer
bestimmten Harmonie:

Joh. Seb. Bach, Präludium *g-Moll*

g - Moll-Dreiklang _____ d - Moll

In dem Prinzip „Melodie und Begleitung" bewegt sich die begleitende
Stimme vorzugsweise in Akkordbrechungen (sie wird vom Hörer als har-
moniebestimmendes und bewegendes, oft auch als charakterisierendes Element verstanden), während die Melodie überwiegend horizontaler Logik
gehorcht, sich aber doch im Rahmen der von der Begleitung bestimmten
Harmonien bewegt (es bleibt hier außer Diskussion, welche der Stimmen
führt und welche sich anzupassen hat; entscheidend ist hier lediglich, daß
die harmonische Aussage beider Stimmen identisch ist). In dem nachfolgenden Beispiel bewegen sich beide Stimmen in Akkordbrechungen:

M. Clementi, Sonatine *C-Dur*, op. 36, 1 2. Satz

Freier Satz (vielstimmig)

Je mehr Stimmen beteiligt sind, desto einfacher lassen Akkorde sich aus-
drücken; jede Stimme übernimmt einen der Akkordtöne; wenn mehr Stimmen als Akkordtöne vorhanden sind, lassen sich diese beliebig verdoppeln
oder oktavieren.

Im „vierstimmigen Satz" etwa könnte ein C-Dur-Dreiklang in Grundstellung in einer der angegebenen Möglichkeiten dargestellt werden (darüber hinaus gibt es noch zahlreiche andere Möglichkeiten):

Im freien, nicht an eine festgelegte Stimmenzahl gebundenen Satz kann eine Harmonie — wie hier der *Es-Dur*-Dreiklang — sich völlig zwanglos ausbreiten:

L. v. Beethoven, Sonate op. 7, 3. Satz

Einem ähnlichen technischen Prinzip gehorchend, aber mit gänzlich anders gearteter Klangcharakteristik, findet sich der Vierklang *a-cis-e-g* (Dominantseptakkord von *D*) dargestellt (bemerkenswert ist das relativ lange Beharren auf derselben Harmonie):

L. v. Beethoven, Streichquartett op. 59, 3

Die Stimmen können auch im Material eines Akkordes „kreisen", das heißt die Lage des Akkordes nach oben oder unten verschieben. Das Beispiel von Debussy (aus „pour le piano") zeigt ein solches Kreisen um einen relativ komplizierten Akkord:

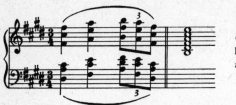

dargestellte Harmonie:
Dominante von E-Dur
als Undezimenakkord

c) Nebentöne

Töne, die im Rahmen einer bestimmten Harmonie erklingen, aber nicht zur Akkordstruktur gehören, werden als „Nebentöne" (oder „Nebennoten") bezeichnet. Sie stehen jeweils im Abstand einer kleinen oder großen Sekunde über oder unter dem Akkordton, dessen Nebenton sie sind. Die Nebentöne eines F-Dur-Dreiklanges sind somit:

Diese Töne können entweder als dissonante Zusätze zur Harmonie oder als V e r t r e t u n g für den jeweiligen Akkordton stehen.

Satztechnisch sind mit ihrer Anwendung Auflagen von unterschiedlicher Bedeutung und Strenge (je nach dem musikalischen Stil, in dessen Rahmen sie erscheinen) verbunden. Nach alten Regeln verbinden sich mit Nebentönen ganz bestimmte Formeln, die aber im Laufe der stilistischen Entwicklung entweder überhaupt gegenstandslos werden oder sich zumindest weitgehend lockern.

Zu den wichtigsten Formeln für die Anwendung von Nebentönen gehören D u r c h g a n g s n o t e , W e c h s e l n o t e , V o r a u s n a h m e , V o r h a l t und zahlreiche Modifikationen dieser Grundformeln (die Einzelheiten dieser Formeln sind in II A, 3 e mitgeteilt).

d) Harmonien mit harmoniefremden Tönen

Einstimmig

Unter Einbeziehung von harmoniefremden Tönen kann eine Melodieführung gefälliger und glatter, aber auch interessanter und komplizierter werden. Die immanente Harmonik ist weniger augenfällig:

Joh. Seb. Bach, Wohltemperiertes Klavier II, Fuga 12

Zweistimmig

Die Vorteile einer freieren Stimmentfaltung kommen beiden beteiligten Stimmen zugute:

M. Clementi, Etüde D-Dur

Joh. Seb. Bach, Invention Es-Dur

Auch im Prinzip „Melodie und Begleitung" ergeben sich durch Einbeziehung von Nebentönen in Melodie (Mozart) oder Begleitformel (Czerny) unausschöpfliche Möglichkeiten:

W. A. Mozart, Sonate C-Dur, KV 545, 2. Satz

C. Czerny, Etude C-Dur

Freier Satz (vielstimmig)

Dem nachstehenden Zitat aus einem Streichquartettsatz liegen nur zwei Harmonien zugrunde: zunächst die weit ausgebreitete Dominante und abschließend die Tonika As-Dur (Dominantseptakkord es-g-b-des; Tonikadreiklang as-c-es); die zahlreichen Nebennoten sind sämtlich als Durchgänge und Wechselnoten zu erklären:

L. v. Beethoven, Quartett op. 127, 2. Satz

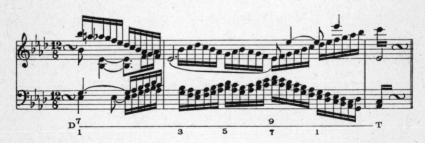

Von großer Bedeutung sind auch Verfremdungen von Harmonien, die durch das Zusammenwirken mehrerer Nebentöne entstehen, wie dies an dem Beispiel von Brahms (op. 116, 6) zu sehen ist

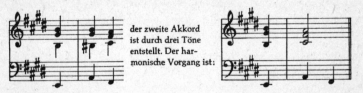

der zweite Akkord ist durch drei Töne entstellt. Der harmonische Vorgang ist:

Zur Erklärung:

Beide Oberstimmen bilden Sekundvorhalte, die dritte Stimme hat einen betonten chromatischen Durchgang — die Nebentöne lösen sich erst im dritten Akkord auf, zusammen mit dem Baßwechsel von a nach fis.

Ein solcher Akkord kann auch als N e b e n t o n a k k o r d (oder „freie Leittoneinstellung") bezeichnet werden. Auch in dem folgenden Beispiel von Hugo Wolf („Der Jäger") finden sich solche Nebentonakkorde, die jeweils auftaktig zum As-Dur-Akkord führen — sie weisen zum Teil merkwürdige dissonante Bildungen auf, die aber akkordtechnisch keinen Eigenwert haben und nur in bezug auf die Auflösung zum As-Dur-Akkord hin zu verstehen sind:

e) F r a g e n

1) Was versteht man unter „Satz"?

2) Was versteht man unter „Akkord"?

3) Wie ist der Grundton eines Akkordes aufzufinden?

4) Wie werden Akkorde bezeichnet, deren Grundton fehlt?

5) Was sind „Nebentöne" oder „Nebennoten"?

6) Was versteht man unter „Ambitus" eines Klanges?

7) Was ist bei einer Akkordanalyse festzustellen?

3) Stimme und Stimmführung

Als S t i m m e bezeichnet man die von einem bestimmten Organ erzeugten *) aufeinander folgenden und melodisch sinnvoll zueinander in Bezug stehenden Töne. Das Zusammenwirken mehrerer Stimmen ergibt Zusammenklänge, die harmonisch zu werten sind.

Der Einzelton innerhalb eines Zusammenklanges ist somit Bestandteil auch eines „horizontalen" Vorgangs. (Die Begriffe „vertikal" und „horizontal" stehen in der musiktheoretischen Terminologie für „zusammenklingen" und „nacheinander erklingen".)

Die Stimme, wie sie im strengen, vorwiegend an den Möglichkeiten des menschlichen Organs orientierten Satz verstanden wird, ist an einen in Höhe und Tiefe relativ eng begrenzten Tonraum gebunden. Es ist üblich, Stimmen verschiedener Höhenlage zu kombinieren, um über einen breiteren Klangraum verfügen zu können. Im Satz für „gemischten Chor" etwa wird der obere Tonbereich durch die (gewöhnlich zweigeteilten) Frauenstimmen, der untere durch die (ebenfalls meist zweigeteilten) Männerstimmen erschlossen.

Dieses Prinzip, das dem schulgerechten vierstimmigen Tonsatz zugrunde gelegt wird, ist leicht übertragbar auf Instrumentalensembles, die sich gewöhnlich aus Instrumenten verschiedener Tonhöhenbereiche zusammensetzen (die gegenüber Melodieinstrumenten andersgearteten spieltechnischen Möglichkeiten von Akkord-, insbesondere von Tasteninstrumenten bleiben in diesem Zusammenhang außer Betracht). Der Begriff Stimme ist hier in der satztechnischen Handhabung weit weniger eingeengt zu verstehen, da dem Musikinstrument gegenüber der Singstimme meist nicht nur ein größerer Tonumfang zur Verfügung steht, sondern weil das Instrument auch über eine größere Beweglichkeit verfügt.

Es muß betont werden, daß nur in einem Teil der Musikliteratur die Bindung an so strenge technische Gepflogenheiten, wie sie für den schulgerechten „vierstimmigen Satz" charakteristisch sind, zu beobachten ist.

---

*) Zerlegung der horizontalen Linie, die dem musikalischen Zusammenhang gemäß als S t i m m e verstanden wird, in Partikel, die jeweils nacheinander von verschiedenen Organen ausgeführt werden, ist eine seit der Klassik häufig gepflegte Technik, die hier außer Betracht bleiben kann, da sie auf das Prinzip des Satzbaus keinen unmittelbaren Einfluß ausübt.

Besonders der Orchestersatz seit der Klassik geht weit über diese enge
satztechnische Begrenzung hinaus, auch wenn innerhalb des Orchesters
das Instrument durchaus noch als Stimme behandelt wird.

a) Die Behandlung der Einzelstimme im strengen homophonen Vokalsatz

Dank naturgegebener Begrenzung der menschlichen Singstimme sollen
im Normalfall die für die vier Stimmgattungen charakteristischen Tonbereiche berücksichtigt werden:

Sopran	Alt	Tenor	Baß

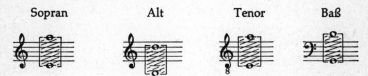

Eine Stimme soll so geführt werden, daß ihre Ausführung nicht auf zu
große Schwierigkeiten stößt — bevorzugt werden kleine melodische Bewegungen, etwa Sekundschritte und Sprünge bis zur Quinte; Sexte und
Oktave sind vorsichtiger anzuwenden (zudem empfiehlt es sich, nach größeren Sprüngen die Bewegungsrichtung zu wechseln!). Zu vermeiden sind
nach Möglichkeit übermäßige und verminderte Intervallsprünge, außerdem
Septimsprünge und Sprünge, die größer als eine Oktave sind.

> Dieser Regel liegt eine Orientierung am strengen Palestrinasatz zu=
> grunde; die Praxis geht in anspruchsvolleren Sätzen seit dem 17. Jahr=
> hundert weit über diese Einschränkungen hinaus.
>
> Aus didaktischen Gründen empfiehlt sich bei Erlernung des Satzes
> zunächst diese auf einfachste Bewegung begrenzte Stimmführung zu
> respektieren, da der Schüler erfahrungsgemäß eine gewisse Zeit benötigt,
> die klanglichen Konsequenzen dessen, was er aufschreibt, überblicken zu
> können.
>
> In den Satzübungen sollen deshalb vorerst einfachste Lösungen an=
> zustreben sein.

Die Charakteristik der vier Stimmen des homophonen Satzes ist unterschiedlich. Man unterscheidet zwischen Oberstimme (Diskant), Unterstimme (Baß) und den beiden Mittelstimmen:

Die O b e r s t i m m e („Diskant") ist Melodieträger und hat den reichsten melodischen Ausdruck; sie ist beweglicher als die Mittelstimmen. Nur im einfachen Generalbaßsatz, der auf eine selbständige „Melodie" verzichtet, ist die Oberstimme ähnlich strengen Bindungen unterworfen wie die Mittelstimmen.

In Übungsaufgaben ist die Oberstimme normalerweise gegeben (etwa als Volks- oder Kirchenlied) — sie kann nicht verändert werden und soll immer höchste Stimme des Satzes sein.

Die U n t e r s t i m m e ist Klangfundament und somit weniger melodisch als harmonisch orientiert. Im einfachsten Fall springt sie von einem Akkordgrundton zum nächsten. Eine melodisch glattere Führung des Basses ist erstrebenswert und kann durch die sinnvolle Anwendung von Akkordumkehrungen erzielt werden.

Die M i t t e l s t i m m e n gelten als „Füllstimmen" und haben die Aufgabe, harmonisch zu ergänzen und klanglich zu bereichern. Sie treten dem Hörer nur wenig ins Bewußtsein und sollen deshalb auch keine eigenständigen „Melodien" bilden. Die geringfügigste Bewegung ist für sie die beste. Es sollte als verbindlich angesehen werden, daß Mittelstimmen auf ihrem Ton beharren, wenn dieser im nächsten Akkord zu gebrauchen ist („Töne liegenlassen"). Größere Sprünge sollen nach Möglichkeit vermieden werden.

Gewöhnlich nehmen die vier Stimmen im homophonen Satz den jeweils gleichen Platz ein: S o p r a n ist erste (oberste) Stimme, A l t zweite, T e n o r dritte und B a ß vierte Stimme.

Nicht ausgeschlossen ist die „Stimmkreuzung", bei welcher zwei benachbarte Stimmen ihren Platz vorübergehend vertauschen; sie sollte im homophonen Satz auf Ausnahmen beschränkt bleiben. Am ehesten ist sie zwischen den beiden Mittelstimmen möglich. Auf keinen Fall darf es eine Stimmkreuzung zwischen Tenor und Baß geben; auch zwischen Alt und Sopran ist sie bedenklich, da durch diesen Tausch der Sopran als Melodieträger in die Mittellage gerät und nur schwer zu erkennen ist.

Diese Ordnung der Stimmlagen gilt übrigens nur für den einfachen homophonen Satz — in komplizierten Sätzen und vor allem in polyphonen Sätzen ist die Stimmkreuzung weit häufiger in Gebrauch.

In Sätzen mit homophoner Struktur bewegen sich alle Stimmen im gleichen Rhythmus. Mit jedem neuen Ton ergibt sich ein Akkord; da Töne wiederholt werden können, ist auch eine Akkordwiederholung möglich.

Bezüglich der Akkordbildung ist die Einzelstimme in ihrer Bewegung weitgehend gebunden, da die Gesamtheit der Stimmen immer eine bestimmte Harmonie ergeben soll; dies bedeutet, daß eine Stimme jeweils nur zu einem Ton weitergeführt werden kann, der Bestandteil des gewünschten Akkordes ist oder in einer gewissen Beziehung hierzu steht (etwa als N e b e n t o n im Rahmen festgelegter Formeln).

Da Ober- und Unterstimme dank der bevorzugten Behandlung von Melodie und Fundament normalerweise von vornherein festliegen, bleibt für die Mittelstimmen nur noch der Rest des Akkordes — die Entfaltungsmöglichkeiten dieser Stimmen sind deshalb äußerst gering.

Ein Dreiklang wird im vierstimmigen Satz so realisiert, daß zwei der Töne je einmal und der dritte verdoppelt oder oktaviert erscheinen. Verschiedene Verbote der Stimmführung, vor allem das Verhalten der Stimmen zueinander betreffend, haben darüber hinaus entscheidenden Einfluß auf die Gestaltung des Satzes. Zuweilen kann eine der obengenannten Forderungen der Stimmführung nicht eingehalten werden, weil dadurch gegen ein übergeordnetes Verbot verstoßen wird.

b) Die Verhältnisse mehrerer gleichzeitig sich bewegender Stimmen zueinander

Jede Stimme innerhalb eines mehrstimmigen Satzes steht zu jeder anderen beteiligten Stimme in einem bestimmten, bewegungstechnisch zu bezeichnenden Verhältnis:

Parallelbewegung
Zwei Stimmen bewegen sich gleichzeitig in gleichen Abständen auf- oder abwärts (Beispiele a, b).
Als „gleicher" Abstand gilt in diesem Fall auch der Wechsel zwischen „großen" und „kleinen" gleichnamigen Intervallen.

Geradbewegung
Zwei Stimmen bewegen sich gleichzeitig auf- oder abwärts in verschiedenen Intervallen (Beispiele c, d).

Seitenbewegung

Eine Stimme bewegt sich auf- oder abwärts, während eine andere gleichzeitig liegen bleibt oder ihren Ton wiederholt (Beispiele e, f).

Gegenbewegung

Zwei Stimmen bewegen sich in verschiedenen Richtungen (Beispiele g, h).

Der Abstand zweier benachbarter Stimmen soll möglichst nicht größer als eine Oktave sein;

ausgenommen hiervon ist das Stimmpaar Tenor-Baß; Tenor und Baß dürfen auch in größerem Abstand zueinander stehen.

Der Abstand zwischen Oberstimme und Unterstimme wird durch die natürlichen Möglichkeiten der Stimmgattungen begrenzt und dürfte maximal bei etwa drei Oktaven liegen (a). Dieser größten Ausdehnung des Satzes steht die maximale Enge von einer Quinte zwischen höchstem und tiefstem Akkordton gegenüber (b):

Zu beachten:

Die vier Bewegungsformen, die sich zwischen zwei Stimmen ergeben können, werden unterschiedlich bewertet.

Unbedenklich sind Seitenbewegung und Gegenbewegung.

Die „reinen" Intervalle Prim („Einklang"), Quinte und Oktave (die Quarte zählt in diesem Zusammenhang nicht dazu), die auch

als „vollkommene Konsonanzen" bezeichnet werden, stellen eine besondere Wertgattung dar; bei G e r a d b e w e g u n g und P a r a l l e l -
b e w e g u n g , an denen eines dieser Intervalle beteiligt ist, sind die folgenden Regeln zu berücksichtigen:

a) Führt eine Geradbewegung zu einer vollkommenen Konsonanz, ergibt
sich eine „verdeckte Parallele", und zwar

  v e r d e c k t e P r i m (oder v e r d e c k t e r E i n k l a n g) a, b

  v e r d e c k t e Q u i n t e c, d

  v e r d e c k t e O k t a v e e, f

(An Stelle von „verdeckt" sagt man auch „latent", also: „latente Quintparallele", „latente Einklangsparallele" usw.)

Verdeckte Parallelführungen dieser Art sind unbedenklich, wenn die
daran beteiligte Oberstimme stufenweise fortschreitet; in anders gelagerten
Fällen aber sind sie oft schlecht und deshalb mit Vorsicht anzuwenden.

b) Bewegen sich zwei Stimmen im Abstand einer r e i n e n P r i m , einer
r e i n e n Q u i n t e oder einer r e i n e n O k t a v e parallel, handelt es
sich um

  P r i m p a r a l l e l e (E i n k l a n g p a r a l l e l e) a

  Q u i n t p a r a l l e l e b, c

  O k t a v p a r a l l e l e d, e

Als Quinte und Oktave gelten diese Intervalle auch, wenn sie um eine oder zwei Oktaven erweitert sind (c, e)

Derartige Parallelführungen sind verboten!*)

Die Verbindung einer r e i n e n   Q u i n t e mit einer v e r m i n d e r - t e n   Q u i n t e oder umgekehrt ist im Bereich der klassischen Vokal-polyphonie verboten. Seit dem 17. Jahrhundert gilt die Verbindung „rein-vermindert" als unbedenklich; dagegen ist die umgekehrte Verbindung „vermindert-rein" zwar nicht unbedingt verboten, aber mit großer Vor-sicht anzuwenden, da hierbei die Stimmen konträr zu der Regel hinsicht-lich der Lösung verminderter Intervalle (siehe unten) bewegt werden.

c) B e s o n d e r h e i t e n   d e r   S t i m m f ü h r u n g

Als Bestandteil von Akkorden nimmt jede Stimme im hierarchischen Tongefüge der Zusammenklänge einen bestimmten Platz ein, wodurch sie mitunter mit mehr oder minder starkem Zwang zu einem ganz bestimm-ten nachfolgenden Ton weitergeführt werden muß. Insbesondere Akkorde mit Dissonanzgehalt (siehe I C, 1) bringen gewisse Gesetzmäßigkeiten hinsichtlich der Stimmführung mit sich. Dabei gilt:

a) L e i t t ö n e sollen entsprechend ihrer Tendenz s t u f e n w e i s e wei-tergeführt werden;*)

b) A k k o r d s e p t i m e n werden s t u f e n w e i s e nach unten fort-gesetzt, sofern sie nicht — wie dies bei großen Septimen der Fall sein kann — nach oben weisende Leittöne sind und deshalb nach oben gelöst werden müssen;*)

c) V o r h a l t e werden entsprechend ihrer Tendenz s t u f e n w e i s e a b w ä r t s   o d e r   a u f w ä r t s aufgelöst, sofern nicht eine „um-spielte Auflösung" zunächst andere Bewegungsformen verursacht (siehe II A, 3 e, 1);

---

*) Das uralte Verbot der Parallelführung vollkommener Konsonanzen (mit Ausnahme der reinen Quarte) verliert um so mehr an Bedeutung, als die satztechnische Struktur einer Komposition sich vom „strengen" Satz löst. Zudem fallen die Parallelführungen nicht mehr ins Gewicht, wenn komplizierte harmonische Verbindungen realisiert werden.

d) verminderte Intervalle lösen sich durch stufenweises Zu-
sammenlaufen der Stimmen; *)

übermäßige Intervalle lösen sich durch stufenweises Aus-
einanderlaufen der Stimmen; *)

beide Intervalltypen können auch durch Seitenbewegung gelöst werden.

> *) In vielen Fällen erlauben sich Komponisten eine großzügige Aus=
> legung dieser Regeln:
> a) Töne, die durch Leittöne „angezielt" werden, können vertretungs=
> weise von anderen Stimmen übernommen werden; zudem spielt der
> eigentümliche Reiz des „abspringenden Leittons" (das ist die Weiter=
> führung des Leittons zur Tonikaquinte in der harmonischen Verbindung
> Dominante=Tonika) in gewissen Fällen eine Rolle.
> b) In ähnlicher Weise finden sich auch die „Auflösungen" dissonanter
> Töne vertretend in anderen Stimmen.

Diese Regeln haben mehr oder minder relativen Wert, da sie nicht in
jedem Fall berücksichtigt werden können. Es ist in der Stimmführung die
Priorität von Sopran und Baß zu beachten; dies bedeutet,
daß die Randstimmen strenger an diese Gesetzmäßigkeiten gebunden sind
als die Mittelstimmen und bei Zuwiderlaufen der Interessen bevorzugt
behandelt werden.

d) Enge und weite Lage

Die Definition der Lagenstruktur eines Satzbildes wird von den drei
Oberstimmen bestimmt:

Enge Lage
Die drei oberen Stimmen liegen so nahe beieinander, daß kein weiterer
Akkordton mehr zwischen die Stimmen paßt (a, b).

Weite Lage
Die drei oberen Stimmen liegen so weit auseinander, daß zwischen zwei
benachbarte Stimmen noch mindestens ein Akkordton paßt (c, d, e).

Homophone vierstimmige Sätze, die für Klavier geschrieben werden —
insbesondere Kadenzformeln und Generalbaßsätze —, werden bevorzugt in
enger Lage ausgeführt und gewöhnlich so notiert, daß die drei obe-

ren Stimmen im oberen System zusammengefaßt sind, während der Baß im unteren System allein steht (a, siehe auch die Formeln im Anhang).

Sätze, die für echte S t i m m e n angelegt werden (etwa für vierstimmigen gemischten Chor), sind so zu notieren, daß Sopran und Alt im oberen System (Violinschlüssel), Tenor und Baß im unteren (Baßschlüssel) stehen (siehe Kadenzbeispiele II B, 4 e).

Eine Notierung als Partitur — jede Stimme in einem eigenen System — muß die Gepflogenheit berücksichtigen, daß hier der Tenor im Violinschlüssel steht, aber eine Oktave nach unten transponierend zu lesen ist (Sopran und Alt stehen im Violinschlüssel, Baß im Baßschlüssel). Die früher übliche Notierung in Sopran=, Alt=, Tenor= und Baßschlüssel („alte Schlüssel") ist außer Mode gekommen und wird heute nur noch gelegentlich zu Übungszwecken angewandt.

In derartigen Sätzen ergibt sich mitunter ein Wechsel von weiter und enger Lage, verursacht durch die Führung der Mittelstimmen und vor allem auch durch die Lage der Randtöne: liegen Baß und Sopran nahe beieinander, wird enge Lage erzwungen, bei größerem Abstand der Randstimmen empfiehlt sich aus Gründen der besseren klanglichen Verteilung die weite Lage.

Grundsätzlich ist nicht die Notierungsform entscheidend hinsichtlich der Lagen, sondern das Ergebnis. Ebenso wie in Partiturform oder bei Zweiteilung der Stimmgruppen (Sopran/Alt, Tenor/Baß) enge Lage dargestellt werden kann, ist bei einer Schreibweise mit drei Stimmen im oberen System die Darstellung von weiterer Lage möglich (wenngleich nicht sehr übersichtlich!).

e) Harmoniefremde Töne im Satz

Tauchen in einer Stimme Töne auf, die nicht zum Tonmaterial einer gerade dargestellten Harmonie gehören, bedarf ihr Vorhandensein einer Rechtfertigung durch die melodische Führung der Stimme.

Der Katalog satztechnischer Methoden, harmoniefremde Töne zu recht-
fertigen, ist im 19. Jahrhundert unübersehbar groß geworden; die Satztechnik des 16. und 17. Jahrhunderts ist in dieser Hinsicht zurückhaltender
und beschränkt sich auf wenige, immer wiederkehrende Formeln, deren
wichtigste hier dargestellt seien.

1. Vorhalt

Die Vorhaltsnote vertritt einen Akkordton als dessen obere oder untere
Nebennote. Sie erscheint auf betonter Taktzeit und muß sich auf weniger
betonter Taktzeit „auflösen", das bedeutet, daß die Stimme sich zu dem
vertretenen Akkordton weiterbewegen muß.

Die ältesten Vorhaltstypen, gebildet durch die o b e r e N e b e n n o t e
mit Auflösung durch eine abwärtsführende Sekund, sind:

Q u a r t v o r h a l t — Auflösung zur Terz (a)

S e x t v o r h a l t — Auflösung zur Quinte (b)

S e p t i m v o r h a l t — Auflösung zur Sexte
(gemeint ist hier entweder die Sexte eines
Sextakkordes oder die eines Quintsextakkordes) (c, d)

N o n e n v o r h a l t — Auflösung zur Oktave (e)

Vorhalte, die durch die u n t e r e N e b e n n o t e eines Akkordtons
gebildet werden, lösen sich sinngemäß durch einen Sekundschritt nach
oben auf (f). Die untere Nebennote kann zu diesem Zweck erhöht und
damit zum Leitton werden („chromatischer Vorhalt") (g).

Auch Akkorde, die in einer Umkehrung stehen, dürfen Vorhalte enthalten.

Vorhalte können in jeder Stimme erscheinen.

Kombinationen mehrerer Vorhalte zu gleicher Zeit lassen sich auf verschiedene Weise bilden (h, i, k). In diesem Zusammenhang ist insbesondere der

Vorhaltsquartsextakkord

zu nennen, der aus der Kombination eines Quart- und Sextvorhaltes besteht. Er kommt besonders häufig als „kadenzierender Quartsextakkord" auf der Dominante innerhalb kadenzierender Wendungen vor (l) (siehe II B, 2 b, 4).

Der Vorhaltsquartsextakkord gehört im strengen Sinn nicht zu den „dissonierenden Akkorden", da er kein dissonantes Intervall enthält. Die beiden Vorhaltstöne sind aber Nebentöne, die zu einer Auflösung streben — man spricht deshalb von „Auffassungsdissonanz".

Besonderheiten:

Es ist zu unterscheiden zwischen

a) **vorbereitetem Vorhalt**, der in der vorangehenden Harmonie bereits als Konsonanz in seiner Stimme liegt (a, b);

b) **unvorbereitetem Vorhalt** (auch „freiem Vorhalt"), einer Vorhaltsnote, die ohne Vorbereitung erscheint und die in der vorangehenden Harmonie auch nicht in einer anderen Stimme enthalten ist (c, d, e);

c) **halbvorbereitetem Vorhalt**, einer Vorhaltsnote, die zwar in ihrer Stimme nicht vorbereitet wird, in der vorangehenden Harmonie aber in einer anderen Stimme enthalten ist (dies kann ein Ton derselben Tonlage oder einer Oktavversetzung sein) (f, g):

Allgemeine Bemerkungen zur Vorhaltstechnik

Es ist üblich, daß ein Vorhalt auf „betonter" Taktzeit eintritt und sich auf „unbetonter" auflöst. Die Wertigkeiten des Metrums sind aber durchaus relativ zu verstehen; nur im Verhältnis zu seiner Auflösung muß der Vorhalt betont sein — dies bedeutet, daß er beispielsweise im 4/4-Takt auch auf den unbetonten Taktzeiten „zwei" und „vier" stehen kann, sofern er noch innerhalb der betreffenden Werte (etwa auf deren zweitem Achtel) aufgelöst wird.

Die Auflösung des Vorhalts muß nicht unmittelbar dem Vorhalt folgen; durch Umspielung oder Verzierung der Auflösungsnote können sich zwischen Vorhalt und Auflösung andere Töne einschieben. Äußerst komplizierte Konstruktionen dieser Art sind in der instrumentalen Polyphonie, insbesondere bei Bach zu finden:

J. S. Bach, Invention Nr. 10

(Septimvorhalt)   (Sekundakkord)

In vorromantischer Musik ist es üblich, Vorhalte melodisch formelgerecht entweder innerhalb eines liegenden Akkordes oder in einem nachfolgenden aufzulösen. Vorhalte in romantischer Musik werden oft nicht schulgerecht behandelt; mitunter bleibt eine Auflösung gänzlich aus. Viele Akkorde in Musikwerken aus diesem Stilbereich sind deshalb erst dann erklärbar, wenn man eine nicht vorhandene Auflösung mit hinzudenkt.

Man spricht in solchen Fällen von „Vertretertönen" in einer Harmonie — das sind Nebennoten, die wie Vorhalte im Akkord stehen, sich aber stimmführungstechnisch nicht wie diese verhalten.

Da Vorhaltstöne einen Akkordton (vorübergehend) ersetzen, fehlt der vertretene Ton (dieser erscheint auch nicht in einer höheren oder tieferen Oktave). Eine Ausnahme hiervon bildet lediglich der G r u n d t o n eines Akkordes, der auch dann mit im Akkord sein kann, wenn eine andere Stimme in einem anderen Oktavbereich einen Vorhalt hierzu bildet (Nonenvorhalt oder nach oben zielender Septimvorhalt).

2. Durchgang

Die stufenweise oder chromatische Verbindung von Akkordtönen in einer Stimme wird als „Durchgang" bezeichnet.

Einem alten Prinzip zufolge sollen Durchgangsnoten auf weniger bedeutenden Taktteilen als die umgebenden Noten stehen. Diese Regel wurde allerdings schon in der Zeit der Vokalpolyphonie durchbrochen („harter Durchgang") — und es ist in späterer Zeit zu beobachten, daß gerade der betont gesetzte Durchgang zu einer wichtigen Formel wird.

Im d i a t o n i s c h e n D u r c h g a n g verläuft die Bewegung stufenweise (a, b), im c h r o m a t i s c h e n D u r c h g a n g chromatisch (c. d).

Durchgangstöne müssen   nicht vereinzelt stehen. Folgen in größerem Tempo können auch weiter entfernt liegende Akkordtöne mit Hilfe von Tonleiterbewegungen oder Ausschnitten aus Tonleitern überbrücken (b, e).

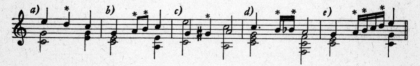

Durchgangstöne werden harmonisch nicht berücksichtigt.

Es ist möglich, daß zu gleicher Zeit mehrere Stimmen Durchgänge bilden; besonders häufig sind parallele Terzen, Sexten oder Dezimen (a, b) zu finden, doch sind auch Durchgänge in Gegenbewegung (c, d) üblich, desgleichen Kombinationen mit Vorhalten oder Wechselnoten (siehe unten) in anderen Stimmen.

(Beethoven)

Beispiel d zeigt einen sogenannten

D u r c h g a n g s q u a r t s e x t a k k o r d ,

einen scheinbaren Quartsextakkord, der aus einer doppelten Durchgangsbewegung (hier in Kombination mit einer Wechselnote) zufällig entsteht und harmonisch nicht selbständig ist.

Bilden mehrere gleichzeitige Durchgangsbewegungen scheinbar selbständige Akkorde, spricht man von

D u r c h g a n g s a k k o r d e n ;

derartige Akkorde können stark dissonant sein.

Durchgangsakkorde gehören zur Kategorie der **N e b e n t o n a k k o r d e (I C, 5 b).**

3. Wechselnote

Das melodische Ausbiegen von einem Ton zu seinem oberen oder unteren Nebenton und der Rückkehr zum Ausgangston wird als **W e c h s e l n o t e** (auch „Drehnote" oder „Wechselton") bezeichnet. Satztechnisch verhält sich die Wechselnote ähnlich wie die Durchgangsnote: sie wird harmonisch nicht berücksichtigt. Ursprünglich stand die Wechselnote grundsätzlich auf einer schlechteren Taktzeit als die beiden umgebenden Töne. Diese beiden Hauptnoten müssen reguläre Bestandteile von Harmonien sein, etwa eines Akkordes, der während des ganzen Vorganges unverändert bleibt (*a, b*), oder zweier verschiedener Akkorde (*c*, der Wechsel findet mit der Rückkehr zur Hauptnote statt). Eine Modifikation dieser alten Formel findet sich bei melodischen Bewegungen, in welchen eine Stimme von einer Hauptnote aus zu einer dissonierenden Note **s p r i n g t** (es handelt sich in diesem Fall also **n i c h t** um eine **N e b e n n o t e** des Ausgangstons) und in ihre Ausgangsstellung zurückspringt (*d*):

Eine alte kontrapunktgleiche Formel ist auch die

a b s p r i n g e n d e   W e c h s e l n o t e ,

bei welcher die Stimme nach Ausbiegen zur Nebennote nicht zur Ausgangsstellung zurückkehrt, sondern diese in einem Terzsprung „überspringt"
(vergleiche damit die sehr ähnliche Formel der „absprigenden Nebennote").

Wechselnoten können in mehreren Stimmen zugleich in Parallel- oder
Gegenbewegung erscheinen (*a, b, c*). Mehrere gleichzeitig erscheinende
Wechselnoten ergeben einen N e b e n t o n a k k o r d (I C, 5 b), oftmals
eine scheinbar selbständige Harmonie, die auch als W e c h s e l n o t e n -
a k k o r d oder W e c h s e l a k k o r d bezeichnet wird.

Beispiel b zeigt einen sogenannten

W e c h s e l n o t e n q u a r t s e x t a k k o r d oder W e c h s e l q u a r t -
s e x t a k k o r d ; er ist — ähnlich wie der „Durchgangsquartsextakkord" —
ein zufällig entstehendes Gebilde, das harmonisch unselbständig ist und
nicht mit echten „Umkehrungsquartsextakkorden" verwechselt werden
darf (I C, 2 c).

4. An- und abspringende Nebennote

Wird eine Nebennote nicht im Sinne einer der oben dargestellten Formeln eingeführt, spricht man von a n s p r i n g e n d e r N e b e n n o t e : eine Stimme springt zu einer dissonierenden Nebennote, die sich nachfolgend durch einen Sekundschritt zu einer Hauptnote auflöst. Die Nebennote wird gewöhnlich auf einem relativ unbetonten Taktteil erreicht; verlagert sich dieses Ereignis auf einen betonten Taktteil, entsteht daraus ein „unvorbereiteter Vorhalt".

Die „abspringende Nebennote" erscheint n a c h einer Hauptnote und wird durch einen Sprung in beliebiger Richtung und Größe verlassen:

5. Vorausnahme (Antizipation)

Unmittelbar v o r einem Harmoniewechsel erreicht eine Stimme schon ihren Ton des folgenden Akkordes, der zu der noch liegenden Harmonie dissoniert (a). Diese Bewegung kann zu gleicher Zeit von mehreren Stimmen ausgeführt werden (b); unter Umständen kann sogar der ganze Akkord in allen Stimmen vorausgenommen werden (ohne Dissonanz) (c). Eine Variante der Vorausnahme ist die in Beispiel d gezeigte Wendung, in welcher zwar ein Akkordton der Folgeharmonie antizipiert wird, die Stimme aber mit dem Harmoniewechsel wieder einen anderen Ton anspringt:

f) F r a g e n

1) Welche Tonbereiche entsprechen den Stimmen Sopran, Alt, Tenor und Baß?

2) Wie werden die bewegungstechnischen Verhältnisse zweier Stimmen zueinander bezeichnet?

3) Welche Bewegungsformen sind verboten?

4) Wie werden aufgelöst
    a) Leittöne
    b) Akkordseptimen
    c) Vorhalte?

5) Wie müssen zwei Stimmen bei Auflösung eines
    a) verminderten
    b) übermäßigen
Intervalles korrekt weitergeführt werden?

6) Was ist ein „abspringender Leitton"?

7) Welches ist der Unterschied zwischen „weiter" und „enger" Lage?

8) Was versteht man unter „harmoniefremden Tönen"?

9) Welche Arten von „Vorhalten" gibt es?

10) Was versteht man unter „Durchgang"?

11) Was versteht man unter „Wechselnote"?

12) Was versteht man unter „Vorausnahme"?

13) Was sind „an-" und „abspringende Nebennoten"?

14) Welches ist der Unterschied zwischen „Vorhaltsquartsextakkord", „Durchgangsquartsextakkord", „Wechselnotenquartsextakkord" und „Umkehrungsquartsextakkord"?

15) Welches sind die spezifischen Merkmale „homophoner" Sätze?

g) S c h r i f t l i c h e   A u f g a b e n

1) Löse die Aufgaben 1—4 in III C!

2) Löse die Aufgaben III E (bezifferte Bässe) teils in enger, teils in weiter Lage!

HAUPTTEIL II

B Die harmonischen Funktionen

1) Vorbemerkung

Jeder Stammton einer Tonleiter und dessen chromatische Veränderungen lassen sich zur Basis von Akkorden machen, die vollständige oder unvollständige harmonische Funktionen darstellen.

Je nach dem Grad der Beziehung zum tonalen Zentrum werden die Akkorde als Haupt- oder Nebenharmonien (bei Beschränkung auf Dreiklänge auch als Haupt- und Nebendreiklänge) klassifiziert.

Hauptharmonien sind die auf der I. und den quintverwandten Stufen IV und V aufgebauten Akkorde. Nebenharmonien stehen im Terzverwandtschaftsverhältnis zu den Hauptharmonien. Akkorde, die nur aus Tönen der Stammtonleiter bestehen, werden als leitereigen bezeichnet.

Die leitereigenen Dreiklänge

a) Dur

b) Moll

Abweichungen hiervon durch Einbeziehung von melodischem und reinem Moll

Jeder dieser Dreiklänge kann nach dem System des Terzenaufbaus zum Septakkord erweitert werden; weitere Terzzusätze zur Bildung von Nonen- und Undezimakkorden finden sich überwiegend in dominantischen Harmonien (V. Stufe).

Ajoutierungen sind in allen Akkorden möglich; besonders typisch ist die Ajoutierung der Sexte in der Subdominante (IV. Stufe).

Die Einbeziehung von chromatisch veränderten Tönen in terzverwandten Klängen kann zu „entfernten Terzverwandtschaften" führen, die Geschlechtsumdeutung eines Dreiklangs durch Veränderung der Terz führt zur V a r i a n t e (Änderung eines Durdreiklangs in Moll und umgekehrt); man spricht auch von „Mollvariante" einer Durtonart und „Durvariante" einer Molltonart.

2) Die Hauptharmonien

Die drei Hauptharmonien, die Harmonien auf I., IV. und V. Stufe, werden als „Tonika", „Subdominante" und „Dominante" bezeichnet. Die Beziehungen dieser Akkorde zueinander lassen sich in folgendem Diagramm veranschaulichen:

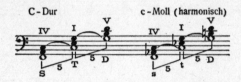

Die Grundtöne dieser Klänge stehen im Quintabstand voneinander entfernt (man spricht deshalb bei derartigen harmonischen Beziehungen von

„Quintverwandtschaft"); im Mittelpunkt steht die Tonika als harmonisches Zentrum, umgeben von der Harmonie auf der oberen Quinte und jener auf der unteren Quinte.

> Es ist für die Bewertung unerheblich, daß der Akkord der IV. Tonleiterstufe, der nach oben gerechnet ja nur im Abstand einer Q u a r t e zur Tonika steht, um eine Oktave nach unten versetzt wurde. Das Oktavregister hat auf die Definition von Verwandtschaftsverhältnissen keinen Einfluß. Eine Q u a r t b e z i e h u n g zwischen Grundtönen wird grundsätzlich als Q u i n t v e r w a n d t s c h a f t betrachtet (die Quinte ist das Umkehrungsintervall der Quarte).

Das Verwandtschaftsverhältnis zwischen S u b d o m i n a n t e und D o m i n a n t e beruht auf der Sekunddistanz, die harmonisch keine direkte Beziehung schafft; das harmonisch Verbindende zwischen diesen beiden Akkorden ist ihr gleichartiges Bezugsverhältnis zu einer gemeinsamen T o n i k a.

Es zeigt sich im Diagramm des weiteren, daß die Dreiklänge Subdominante-Tonika und Tonika-Dominante durch je einen gemeinsamen Ton miteinander verbunden sind. Zwischen Subdominante und Dominante gibt es keinen gemeinsamen Ton, sofern man nicht die Akkorde erweitert (zur S u b d o m i n a n t e mit *sixte ajoutée* oder zum D o m i n a n t s e p t - a k k o r d).

In den drei Hauptharmonien ist jeder Tonleiterton enthalten; das Material einer Tonart ist also mit diesen drei Dreiklängen vollständig darzustellen. Es gibt zahlreiche einfache Melodien (insbesondere Volkslieder), die mit diesen wenigen Akkorden ausreichend zu harmonisieren sind (zum Beispiel: „Drunten im Unterland", „Zum Tanze, da geht ein Mädel").

Nicht ganz einfach ist die Qualifizierung der Hauptharmonien in deren rein klanglicher Effektivität. Charakteristisch für den harmonischen Verlauf eines in sich geschlossenen Ereignisses von geringer Ausdehnung ist die Akkordfolge in der einfachen K a d e n z („Grundkadenz"):

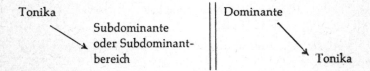

Tonika
    Subdominante
    oder Subdominant-
    bereich

Dominante
    Tonika

Dieses Urbild funktionell-harmonischer Bewegung zeigt den Abstoß aus einem noch ruhenden tonikalen Bereich durch harmonischen Quintfall zur Subdominante; spannungsgeladen wirkt danach die Dominante mit „zielend" weitertreibendem Effekt und der sich anschließenden Lösung — wiederum durch harmonischen Quintfall — zur beschließenden Tonika.

Erfolgt diese Auflösung zur Tonika, spricht man von einem G a n z - s c h l u ß (der in seiner Wirkung beeinträchtigt werden kann, wenn die Melodie nicht zum Grundton der Tonika, sondern zu Terz oder Quinte geführt wird, ein Ereignis, das als u n v o l l k o m m e n e r G a n z s c h l u ß bezeichnet wird). Im Gegensatz hierzu können harmonische Folgen auch auf der Dominante „stehen bleiben", ein Ereignis, das nicht die Befriedigung des Ganzschlusses auslöst, sondern in der momentan erzwungenen Ruhe ein Streben nach Fortsetzung spüren läßt; diese Wendung wird als H a l b s c h l u ß bezeichnet.Man findet Halbschlüsse häufig als Einschnitte in weiter ausgedehnten Harmoniefolgen.

a) Die Tonika

T o n i k a [Symbole: T (Durtonika); t (Molltonika)] ist die Harmonie, deren Grundton von der ersten Tonleiterstufe gebildet wird. Sie ist das Zentrum des tonalen Geschehens. Nach alten Regeln muß ein dur-moll-tonales Musikstück mit der Tonika enden.

Besonders in Stücken aus der Barockzeit findet sich allerdings des öfteren — abweichend von diesem elementaren Gesetz der Tonalität — auch eine Beendigung durch „Halbschluß" (s. o.).

Da ein anspruchsvolles Stück in seinem Verlauf mehr oder weniger häufig das tonale Zentrum wechselt, kann der Tonika-Begriff innerhalb eines Werkes wechselnde Bedeutung haben. Dies bedeutet, daß Formabschnitte zeitweilig auch tonalen Zentren zuzuordnen sind, die nicht identisch mit der Haupttonart des Werkes sind. In vielen Musikstücken der Romantik ist ein Pendeln zwischen zwei in nahem verwandtschaftlichem Verhältnis stehenden Haupttonarten zu beobachten, ohne daß eine von beiden als dominierend bezeichnet werden könnte.

Auf weitere Fälle ohne einheitlich tonale Basis in Musikwerken wird in II E, 1 hingewiesen.

Die Akkorde der Tonika

Eine Tonika erscheint in den meisten Fällen als Dur- oder Molldreiklang. Die Vertauschung des Tonikageschlechtes zur jeweiligen Variante ist häufig anzutreffen, insbesondere wird der Schlußakkord in Mollstücken oft als Durdreiklang gesetzt.

Akkorderweiterungen des Tonikadreiklangs lassen sich durch große Septime und None, vor allem in neuerer Unterhaltungsmusik auch häufig durch die große Sexte bilden. Die Erweiterung eines Dur-Tonikadreiklangs durch eine kleine Septime, ein besonders oft anzutreffendes harmonisches Ereignis, schafft normalerweise eine Umdeutung der Harmonie zu einer „Zwischendominante" (II B, 4a).

Alterationsformen in tonikalen Akkorden (etwa des Grundtons oder der Quinte) dienen gewöhnlich der melodisch chromatischen Weiterführung zu Folgeharmonien (von „alterierten Akkorden" kann in einem solchen Zusammenhang nicht gesprochen werden). Die Bedeutung einer Tonika kann auch der „übermäßige Dreiklang" (III. Stufe in harmonisch Moll) annehmen, wenn er sich wie ein Vorhaltsakkord zur Tonika verhält und folgerichtig auflöst:

c-Moll, III. Stufe

b) Die Dominante

Symbole: D (Durdominante); d (Molldominante)

Dominante ist die Harmonie, deren Grundton von der fünften Tonleiterstufe gebildet wird. Sie ist neben der Tonika die wichtigste Harmonie einer Tonart. Im Gegensatz zur Tonika ist die Dominante eine spannungsgeladene harmonische Funktion, der eine weiterführende, zielstrebige Tendenz in Richtung Tonika innewohnt. Sie eignet sich deshalb besonders gut als Hinführung zu einem tonikalen Schlußakkord (die Harmoniefolge Dominante-Tonika am Ende eines Stückes oder Abschnittes wird als „authentischer Schluß" bezeichnet; Gegensatz hierzu ist der „plagale Schluß", siehe Seite 78—79; vergleiche auch die Kadenzbeispiele auf den Seiten 88, 101 und 106—107).

Im übergeordneten Tonartengefüge ist die Dominante als Antipode zur Tonika zu betrachten; als selbständige Tonart wird sie der Haupttonart gegenübergestellt (dies ist in den meisten dur-moll-tonalen Stücken der Fall, die in der Regel nach Darstellung des tonikalen Komplexes zur Dominanttonart modulieren; auch im Satzgefüge zyklischer Werke ist diese Gegenüberstellung die Regel).

1. Die Akkorde der Dominante

Der Dominantdreiklang besteht aus den Tönen der fünften, siebenten und zweiten Tonleiterstufe. Besonders charakteristisch für den Akkord und seine zielstrebige Tendenz ist seine Terz (die VII. Tonleiterstufe), die als Leitton zum Tonikagrundton wirkt, sofern die Dominante in Dur („Durdominante") erscheint; bei erniedrigter Terz („Molldominante"), die in reinem und abwärtsführendem melodischem Moll als natürliche VII. Stufe enthalten ist, gehen der Leitton und damit auch die starke Zielstrebigkeit der Dominante verloren. Gewöhnlich wird deshalb einer Durdominante (auch in Moll!) in kadenzierenden Vorgängen der Vorzug gegeben. Besondere Effekte mit der ungewohnten Molldominante erzielen insbesondere impressionistische Komponisten; auch wird sie mit Vorliebe in Volksliedsätzen des 20. Jahrhunderts benutzt.

Wird die Durdominante durch Hinzufügung einer kleinen Terz zum kleinen Durseptakkord erweitert, ergibt sich der D o m i n a n t s e p t a k k o r d (Zeichen D⁷).

Die Intervallstruktur dieses Akkordes unterscheidet sich von allen anderen Septakkorden:

Große Terz — kleine Terz — kleine Terz

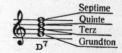

Der Akkord gehört wegen seiner Septime und der verminderten Quinte zwischen Terz und Septime zu den „dissonierenden Akkorden" (die Septime ist die „charakteristische Dissonanz" der Dominante) und muß sich nach traditionellen Regeln auflösen. Diese Auflösung führt entweder zur I. Stufe oder zur VI. Stufe, eine Wendung, die als „Trugschluß" bezeichnet wird (siehe Seite 97—98 und Kadenzbeispiele Seiten 88, 101 und 106—107).

Hinsichtlich der Stimmführung ist zu beachten:

a) S e p t i m e löst sich durch Sekundschritt a b w ä r t s auf;

b) T e r z (Leitton) löst sich durch Sekundschritt a u f w ä r t s auf;

c) Q u i n t e löst sich durch Sekundschritt aufwärts o d e r abwärts auf;

d) G r u n d t o n bleibt entweder liegen (gewöhnlich nur in Umkehrungen des D[7]), springt zum Grundton der Tonika (Quintsprung abwärts oder Quartsprung aufwärts) oder geht einen Sekundschritt aufwärts (Trugschluß).

Nicht in jedem Fall lassen sich diese Stimmführungsgesetze einhalten. Bei Lösung des D[7] in Grundstellung zur T in Grundstellung muß entweder stimmführungstechnisch ein Kompromiß geschlossen oder der D[7] beziehungsweise die T ohne Quinte gesetzt werden.

Wenn nicht alle Regeln befolgt werden können, genießen jene Stimmen Vorrang, die im Satz exponierte Positionen einnehmen (das sind Oberstimme und Unterstimme).

Auflösungsformeln des D[7]:

a—e (authentische Schlüsse); D^7 löst sich zur Dur- oder Molltonika auf

a) korrekte Auflösung: D^7 vollständig, T ohne Quinte

b) korrekte Auflösung: D^7 ohne Quinte, T vollständig

c) unkorrekte, aber mögliche Auflösung: Leitton im Alt (h) „springt ab"; Septime korrekt gelöst

d) unkorrekte, aber mögliche Auflösung: Septime im Alt (f) geht nach oben (!); Leitton korrekt gelöst

e) falsche Auflösung: Quintparallelen zwischen Baß und Tenor

f)—l) (Trugschlüsse); D^7 löst sich zur VI. Stufe auf
(in C-Dur ist die VI. Stufe ein Molldreiklang auf a, in c-Moll ein Durdreiklang auf as).

In jedem Fall ergibt sich bei korrekter Stimmführung eine T e r z v e r d o p p e l u n g in der VI. Stufe, da die Quinte des Akkordes nur abwärts aufgelöst werden kann (bei Aufwärtsgang entstehen Quintparallelen zwischen Baß und Tenor!).

Die Auflösung in Beispiel e ist falsch, weil der Leitton unkorrekt weitergeführt wird.

Wird ein Dominantseptakkord durch Hinzufügung einer weiteren Terz zum Fünfklang erweitert, ergeben sich der

g r o ß e   N o n e n a k k o r d (D^9_7) oder der   k l e i n e   N o n e n - a k k o r d ($D^{9\flat}_7$)

a) im g r o ß e n N o n e n a k k o r d bildet das Rahmenintervall eine große None, seine Intervallstruktur ist also
große Terz — kleine Terz — kleine Terz — große Terz

b) im k l e i n e n N o n e n a k k o r d bildet das Rahmenintervall eine kleine None, seine Intervallstruktur ist also

große Terz — kleine Terz — kleine Terz — kleine Terz

(der Ton *as* im kleinen Nonenakkord ist der c-Moll-Tonleiter entnommen — er kann aber unbedenklich auch innerhalb C-Dur benutzt werden).

großer   kleiner
Nonenakkord   Nonenakkord

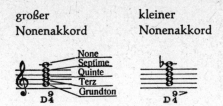

Nur der vollständige Nonenakkord ist ein Fünfklang; im Satz läßt sich ein Nonenakkord auch durch vier Stimmen darstellen, da die Quinte unbedenklich, unter Umständen auch Terz oder Septime fehlen kann.

Wie der D⁷ zeigt auch der $\overset{9}{D^7}$ die Tendenz, sich zur Tonika aufzulösen. Die Stimmführung ist unter ähnlichen Gesichtspunkten wie im D⁷ zu gestalten; die None löst sich durch einen Sekundschritt abwärts auf (Vorsicht vor Quintparallelen!):

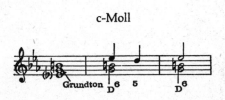

2. Der übermäßige Dreiklang als dominantische Funktion

Der auf der III. Stufe von harmonisch Moll sich bildende **übermäßige Dreiklang** kann dominantische Funktion annehmen. Grundton ist in diesem Fall der zweite seiner Töne (bei terzenweisem Aufbau). An Stelle der Quinte steht eine kleine Sexte, die entweder als Vorhalt zur Quinte oder als Vertreterton aufzufassen ist:

c-Moll

H. Schütz, Psalm 25

3. Verkürzungsformen dominantischer Akkorde

Dominantseptakkord und die beiden dominantischen Nonenakkorde lassen sich um ihren Grundton „verkürzen"; dies bedeutet: die Akkorde bauen sich auf der Basis der V. Tonleiterstufe auf, ohne daß diese selbst erscheint. Real entstehen auf diese Weise Akkorde, die auf der VII. Stufe aufgebaut sind; trotzdem wird in diesen Fällen die V. Stufe als Grundton betrachtet, und die Akkordtöne sind so zu bezeichnen, als ob der Grundton vorhanden wäre.

> Die Tatsache, daß die Harmonien der VII. Stufe einem anderen Grund= ton zugeordnet werden, beruht auf der Beobachtung, daß sie sich inner- halb des harmonischen Gefüges wie normale Dominanten verhalten. Die VII. Stufe selbst kann nicht als Grundton gewertet werden, weil sich über ihr als Quinte ein vermindertes Intervall ergibt, das nach naturgegebenen akustischen Gesetzmäßigkeiten die gehörsmäßige Empfin= dung eines Grundtons nicht aufkommen läßt.

> Anders wird die VII. Stufe behandelt, wenn sie erniedrigt wird (etwa im reinen Moll) oder wenn die verminderte Quinte über dem Leitton zur reinen erhöht wird: in beiden Fällen entstehen Akkorde, welche die VII. Stufe als Grundton haben.

Die folgenden Akkorde werden als verkürzte Dominanten bezeichnet:

a) Dominantseptakkord ohne Grundton „verkürzter Dominantseptakkord" (v e r m i n d e r t e r D r e i k l a n g auf der VII. Stufe), Funktionszeichen $\mathcal{D}^7$

b) großer Nonenakkord ohne Grundton
„verkürzter großer Nonenakkord"
(Septakkord der VII. Stufe), Funktionszeichen $\overset{9}{\text{Đ}^7}$

c) kleiner Nonenakkord ohne Grundton
„verkürzter kleiner Nonenakkord"
(v e r m i n d e r t e r   S e p t a k k o r d
auf der VII. Stufe), Funktionszeichen $\overset{9\rangle}{\text{Đ}^7}$

Nicht immer hat der verminderte Septakkord die Bedeutung einer
Dominante! Sehr oft erscheint er als „Nebentonakkord" (siehe I C, 5 b).
Seiner spezifischen Intervallstruktur zufolge gehört er zu den „vagieren-
den Akkorden" (siehe I C, 6 b, 1).

Im musikalischen Zusammenhang erscheinen diese Akkorde als voll-
wertige Dominantharmonien.

Einige Besonderheiten ihrer satztechnischen Behandlung sind erwähnens-
wert:

Der v e r k ü r z t e   D o m i n a n t s e p t a k k o r d (Đ⁷) wird fast nur
in der Stellung mit Quinte im Baß (Đ⁷) eingesetzt, einer Stellung, die ge-
neralbaßtechnisch durch eine 6 („Sextakkord"!) ausgedrückt wird. Das
Verhalten der Stimmen im strengen Satz ist folgenden Beispielen zu ent-
nehmen:

Die verkürzten Nonenakkorde können in jeder Umkehrung erscheinen. Bei korrekter Stimmführung ergibt sich im Auflösungsakkord eine Terzverdopplung:

4. Vorhalte in der Dominante

Vorhalte*) lassen sich vor jedem Dominantton anbringen und sind für die Funktion sehr charakteristisch, sofern die metrischen Gesetzmäßigkeiten berücksichtigt werden (vgl. II A, 3 e, 1).

> *) Mit Hilfe von Vorhaltsbildungen läßt sich leicht ein metrisches Problem im Satz lösen: die normale metrische Konstellation zwischen D und T ist: D auf leichtem, T auf schwerem Taktteil. Erscheint aber die D auf schwerer Zeit, wäre die Folge, daß die T sinnwidrig auf leichter Zeit erscheinen müßte, sofern die D nicht in die Leichtzeit gedehnt wird. Dieses Dehnen ist musikalisch logisch mit Hilfe eines Vorhalts zu erreichen: Dominante mit Vorhalt betont, Auflösung des Vorhalts unbetont, Tonika betont (vgl. II C, 2 c).

Typische Vorhaltsbildungen in dominantischen Akkorden sind:

Hervorzuheben unter den zahlreichen Vorhaltsbildungen ist der für die Dominante sehr typische „Vorhaltsquartsextakkord" (d), der besonders häufig in kadenzierenden Wendungen erscheint und deshalb auch „kadenzierender Quartsextakkord" genannt wird. Er darf nicht verwechselt werden mit einer Tonika in Quartsextakkordstellung (siehe die Kadenzbeispiele auf den Seiten 88, 101 und 106—107)!

5. Alterationsformen dominantischer Akkorde

In allen dominantischen Akkorden kann die Q u i n t e chromatisch e r h ö h t (zur übermäßigen Quinte) oder e r n i e d r i g t (zur verminderten Quinte) werden. Bei Erhöhung entsteht ein Leitton nach oben, bei Erniedrigung ein Leitton nach unten. Beide Alterationsformen können auch gleichzeitig erscheinen („Disalteration").

Wichtiger Hinweis für die Stimmführung:

Alterierte Töne werden im strengen Satz weder verdoppelt noch oktaviert!

a) Hochalteration

Die Quinte eines dominantischen Akkordes wird erhöht und damit Leitton zur großen Tonikaterz. Die Auflösung muß deshalb zu einem Durdreiklang führen. Befindet sich in der Dominante auch noch eine Septime, ergibt sich im Auflösungsakkord eine Terzverdopplung, da beide Töne Leittöne zur Terz sind.

Die hochalterierte Quinte liegt gewöhnlich in der Oberstimme oder einer der Mittelstimmen, aus klanglichen Gründen selten in der Unterstimme. Akkordumkehrungen lassen sich bilden, es ist aber zu berücksichtigen, daß der alterierte Ton mehrfach Dissonanzwerte in den Akkord trägt, die nicht in jeder Stellung günstig klingen.

Die Akkorde mit ihren schulgerechten Auflösungen:

Dreiklang (in alterierter Form „übermäßiger Dreiklang") (a)

Dominantseptakkord (b, c)

Verkürzter Dominantseptakkord (d)

großer Nonenakkord (e, f)

verkürzter großer Nonenakkord (g)

kleiner Nonenakkord (h)

verkürzter kleiner Nonenakkord (i, k)

b) Tiefalteration

Bei Tiefalteration der Quinte entsteht ein abwärtsweisender Leitton zum Grundton des Auflösungsakkordes. Es ergeben sich nachstehende Akkordmodelle:

Das sinngemäße Verhalten der Stimmen im strengen Satz ist bei der großen Häufung von Leittönen leicht zu erkennen. Alterierte Nonenakkorde lassen in der Auflösung eine Quintparallele entstehen, weil sowohl Quinte wie None normalerweise abwärts geführt werden müssen (gegen diese Parallele ist satztechnisch nichts einzuwenden, sie läßt sich aber vermeiden, wenn die Auflösung mit Vorhalten oder Umspielungen versehen wird).

Obgleich diese Akkorde in jeder Stellung erscheinen können, wird eine bestimmte Umkehrungsform auffallend bevorzugt: die Stellung mit Q u i n t e i m B a ß . Hierbei ergeben sich drei bestimmte Akkorde, die namentlich bezeichnet werden:

Ü b e r m ä ß i g e r S e x t a k k o r d (verkürzter Dominantseptakkord mit untenliegender tiefalterierter Quinte (a)

Ü b e r m ä ß i g e r T e r z q u a r t a k k o r d (Dominantseptakkord mit untenliegender tiefalterierter Quinte) (b, c)

Ü b e r m ä ß i g e r Q u i n t s e x t a k k o r d (verkürzter kleiner Nonenakkord — verminderter Septakkord — mit untenliegender tiefalterierter Quinte) (d, e)
die hier in der Auflösung entstehende Quintparallele wird als „Mozart-Quinte" bezeichnet.

Die Auflösung dieser Akkorde erfolgt entweder in einen Dreiklang in Grundstellung oder einen Vorhaltsquartsextakkord (letzteres insbesondere dann, wenn der alterierte Akkord die Funktion einer Doppeldominante hatte).

c) Disalteration

Wird die Quinte eines dominantischen Akkordes, die zu diesem Zweck zweimal darin enthalten sein muß, gleichzeitig hoch- und tiefalteriert, entsteht die D i s a l t e r a t i o n :

6. Die Dominanten höherer Grade

Baut man auf der Quinte der Dominante einen Durdreiklang auf, entsteht eine D o m i n a n t e 2. G r a d e s, die D o p p e l d o m i n a n t e oder W e c h s e l d o m i n a n t e genannt wird.

Auf dem Quintton dieses Akkordes läßt sich wiederum ein Durdreiklang aufbauen, der dann D o m i n a n t e 3. G r a d e s ist. Die Reihe ist diesem Prinzip gemäß fortzusetzen mit Dominanten zunehmend höherer Grade.

Bezeichnen lassen sich derartige Dominanten durch eine Ziffer vor dem Dominantsymbol, also: ^{6}·D, ^{5}·D, ^{4}·D, ^{3}·D (lediglich die Dominante zweiten Grades sollte, einem eingeführten Brauch zufolge, mit dem Zeichen 𝔇 symbolisiert werden).

Beispiel

Derartig weit entfernte Verwandtschaftsgrade können akustisch nur dann verständlich gemacht werden, wenn eine lückenlose Kette von Dominanten zunehmender oder abnehmender Grade („Dominantkette") abläuft (seit der Klassik bis in die Bereiche der Jazz- und Unterhaltungsmusik sind solche Dominantketten häufig in Gebrauch).

c) Die Subdominante

Symbole: S (Dursubdominante); s (Mollsubdominante)

S u b d o m i n a n t e (auch „Unterdominante") ist die Harmonie, deren Grundton von der vierten Tonleiterstufe gebildet wird. Im harmonischen Zusammenhang steht der subdominantische Bereich (das sind die Subdominante und die von ihr abgeleiteten Nebenharmonien) vor dem dominantischen, zuweilen auch direkt vor dem tonikalen (die Harmoniefolge Subdominante — Tonika am Ende eines Stückes oder eines Abschnittes wird als „plagaler Schluß" bezeichnet; Gegensatz hierzu ist der „authentische Schluß", siehe Seite 67—68; vergleiche auch die Kadenzbeispiele auf den Seiten 88, 101 und 106—107 Nr. 13, 17 u. a.).

Seltener folgt die Subdominante der Dominante, wie dies beispielsweise in der „umgekehrten Kadenz" (siehe Seite 88 Nr. 13) der Fall ist; gewöhnlich wird diese Mittel nur zur Erzielung ganz spezifischer Effekte eingesetzt.

1. Die Dreiklänge der Subdominante

Das leitereigene Material der Durtonleiter läßt als Subdominante einen D u r d r e i k l a n g erscheinen, das der reinen (äolischen) und der harmonischen Molltonleiter einen M o l l d r e i k l a n g. Dies bedeutet, daß die Subdominante im engen Sinn jeweils im Geschlecht der Tonika erscheint. Es wird aber viel Gebrauch gemacht von der Vertauschung des subdominantischen Geschlechts; in Dur läßt sich die vermollte Subdominante (oder einfach: M o l l s u b d o m i n a n t e) und in Moll die D u r - s u b d o m i n a n t e (die sich übrigens aus dem Material der aufwärtsführenden melodischen Tonleiter von selbst bildet!) benutzen. Werden in dieser Weise die Charakteristika der Tonartgeschlechter vermischt, spricht man von „vermolltem Dur" oder „verdurtem Moll".

2. Erweiterungen subdominantischer Akkorde

Die dissonante Klangverschärfung der Subdominantharmonie durch Hinzufügung einer Sexte ist ein altes, charakteristisches Kennzeichen dieser Funktion. Das nach konventioneller Vorstellung ungewöhnliche Akkordmodell, das nicht mehr der Gesetzmäßigkeit vom terzgeschichteten Aufbau entspricht, ist aus einer Vorhaltskonstruktion entstanden.

Von Rameau wurde dieser Akkord als S u b d o m i n a n t e m i t s i x t e a j o u t é e bezeichnet, eine auch heute noch übliche Benennung. Die hinzugefügte Sexte gilt als „charakteristische Dissonanz" der Subdominante.

Die Subdominante mit *sixte ajoutée* bildet sich folgendermaßen:

1) Dur- oder Mollsubdominantdreiklang erhalten als vierten Ton eine große Sexte (immer vom Grundton aus gerechnet). Dieser Akkord wird als S u b d o m i n a n t q u i n t s e x t a k k o r d bezeichnet; Zeichen: $S^{\overset{6}{5}}$, $s^{\overset{6}{5}}$.

2) Zu Grundton und Terz eines (unvollständigen) Dur- oder Mollsubdominantklanges wird als dritter Ton die große Sexte gesetzt, die an Stelle der Quinte erscheint. Da in diesem Akkord die Quinte fehlt, entsteht mit der Sexte keine Dissonanz, was stimmführungstechnische Konsequenzen nach sich zieht. Dieser Akkord wird als S u b d o m i n a n t s e x t a k k o r d bezeichnet (dies darf nicht mit dem „Sextakkord der Subdominante", der ersten Umkehrung eines Subdominantdreiklangs, verwechselt werden!); Zeichen: S^6, s^6.

Einer $S^{\overset{6}{5}}$ oder S^6 folgt nach alten Gesetzmäßigkeiten die Dominante, doch ist neben dieser überwiegend benutzten Wendung auch die Weiterführung zur Tonika möglich.

Anmerkung: Unter Beachtung der strengen Gesetzmäßigkeiten bei Auflösung von Dissonanzen mußte die $S^{\overset{6}{5}}$ ursprünglich aus stimmführungstechnischen Gründen zur Dominante weitergeführt werden. Die entsprechende Formel wirkt sich so aus, daß die *sixte ajoutée* zur Dominante übergebunden wird (als deren Quinte), während die Subdominantquint als Sekunddissonanz genau wie ein Vorhalt behandelt wird, der in der Auflösung um eine Sekunde fällt (zur Terz der Dominante).

Im strengen Satz muß diese Technik berücksichtigt werden. Da deren Einhaltung (etwa aus melodischen Gründen), nicht immer möglich ist, kann an Plätzen, an denen sich eine *sixte ajoutée* empfiehlt, auch der dissonanzfreie und deshalb weniger streng gebundene Subdominantsextakkord benutzt werden.

Die Auflösung einer $S^{\overset{6}{5}}$ kann auch zu Vorhaltsbildungen in der Dominante führen (etwa Sext-, Quart- oder Quartsextvorhalt).

Die Subdominante mit *sixte ajoutée* im strengen Satz:

Zur Erklärung:

a—f Subdominantquintsextakkord mit Lösung zum Dominantdreiklang oder Dominantseptakkord; ebenso wie die Grundstellung bringen die Umkehrungen der $S^{\overset{6}{5}}$ gewisse stimmführungstechnische Konsequenzen mit sich, die nur wenig Freiheit hinsichtlich der Weiterführung lassen (der Akkord $S^{\overset{6}{5}}$ könnte auch als Septakkord der II. Stufe betrachtet werden, er verhält sich aber in dem gegebenen Zusammenhang sinngemäß wie eine Subdominante; Beispiele e, f, h).

i, k Subdominantsextakkord mit Auflösung zur Dominante — hier fällt auf, daß die *sixte ajoutée* in der Weiterführung a b s p r i n g e n kann, was bei Vorhandensein einer Quinte nicht möglich wäre.

g, h, k Weiterführung der Subdominante mit *sixte ajoutée* zur Dominante mit Vorhaltsbildungen.

l, m Subdominantquintsextakkord mit Weiterführung zur Tonika in Grundstellung oder als Sextakkord.

Subdominantakkorde lassen sich auch zu S e p t a k k o r d e n erweitern. Leitereigen ergibt sich in Dur eine große, in Moll eine kleine Septime (im strengen Satz muß die Septime abwärts weitergeführt werden).

3. Neapolitaner

Als Subdominantfunktion wird ein Durdreiklang auf der erniedrigten II. Stufe aufgefaßt, der N e a p o l i t a n e r (auch „Neapolitanischer Sextakkord") genannt wird. Dieser Akkord entsteht durch Tiefalteration der Sexte eines Moll-Subdominantsextakkordes (s⁶) und verhält sich im harmonischen Zusammenhang wie eine gewöhnliche Subdominante (an deren Stelle er stehen kann): er löst sich auf zur Dominante. Als Grundton wird deshalb sinngemäß die IV. Stufe betrachtet. Dieser (scheinbare) Dur-Sextakkord kann sich „verselbständigen", wenn in der tiefsten Stimme nicht mehr (wie dies meist der Fall ist) der Subdominantgrundton steht, sondern die erniedrigte II. Stufe.

Zeichen: N („verselbständigter Neapolitaner")
  N („neapolitanischer Sextakkord" mit Subdominantgrundton im
  ₅   Baß).

Bei Lösung zur Dominante entstehen zwei stimmführungstechnische Probleme:

a) es bildet sich ein Q u e r s t a n d ;

b) die Sexte muß sinngemäß abwärts weitergeführt werden zur Terz der Dominante, wodurch ein (unsangbarer) Sprung mit der verminderten Terz entsteht; glatter ist die Stimmführung, wenn die Dominante einen Quartvorhalt (bzw. Vorhaltsquartakkord) erhält, auch eine „Zwischendominante" (siehe II B, 4a) wirkt sich stimmführungstechnisch günstig aus.

C-Dur oder c-Moll

Anmerkung:

Q u e r s t a n d ist die Bezeichnung für ein auffallend, zuweilen unangenehm klingendes Verhalten zweier Stimmen zueinander: ein Ton oder dessen Oktavversetzung erscheint nachfolgend chromatisch verändert in einer anderen Stimme.

In der Verbindung Neapolitaner-Dominante ist der Querstand ein charakteristisches Element. Durch seine Vermeidung ist die klangliche Schärfe der Harmoniefolge zu mildern (vermeiden läßt er sich mit Hilfe eines Sextvorhaltes in der Dominante oder wenn in der Dominante die Quinte fehlt — Beispiele b und c).

4. Vorhalte in der Subdominante

Vor jedem Akkordton einer Subdominante (auch vor der *sixte ajoutée*) kann die obere oder untere Nebennote als Vorhalt stehen. Eine scheinbare *sixte ajoutée* entpuppt sich oft als Sextvorhalt vor der Quinte (vgl. II A, 3 e, 1).

5. Alteration subdominantischer Akkorde

Hochalteration der *sixte ajoutée* in subdominantischen Dur-Akkorden führt zum

a) ü b e r m ä ß i g e n Q u i n t s e x t a k k o r d (Subdominantquintsextakkord mit hochalterierter *sixte ajoutée*: $S^{6\langle}_5$)

b) ü b e r m ä ß i g e n S e x t a k k o r d (Subdominantsextakkord mit hochalterierter *sixte ajouté*: $S^{6\langle}$).

Die hochalterierte *sixte ajoutée* ist aufwärtsweisender Leitton zur Terz der Durtonika. Somit folgt auf eine alterierte Subdominante die Tonika oder der Vorhaltssextakkord der Dominante:

a) $S^5_{6<}$ = mit Auflösung zur Tonika in Grundstellung

b) $S^5_{6<}$ = mit Auflösung zur Tonika in Sextakkordstellung

c) $S^5_{6<}$ = mit Auflösung zum Vorhaltsquartsextakkord der D

d) $S^{6<}$ = mit Auflösung zur Tonika in Grundstellung

Auf die Tatsache, daß durch Alteration dominantischer Akkorde ebenfalls der „übermäßige Quintsextakkord" und „übermäßige Sextakkord" gebildet werden können, wurde schon im Kapitel über „vagierende Akkorde" (I C, 6b, 73) aufmerksam gemacht. Die harmonische Ambivalenz von Akkorden so auffallender Struktur läßt sich auf interessante Weise musikalisch verarbeiten (vgl. II B, 2b, 5).

Im nachfolgenden Beispiel steht der übermäßige Quintsextakkord in zwei verschieden gearteten Zusammenhängen:

Tonika G-Dur   Tonika E-Dur

Die Hochalteration der *sixte ajoutée* ist auch in Mollsubdominanten möglich. Solche Akkorde sind wegen des zusätzlichen Leittons und der stärkeren dissonanten Wirkung äußerst spannungsgeladen:

6. Die Subdominanten höherer Grade

Wird der Grundton einer Subdominante zur Quinte eines Dur- oder Molldreiklanges gemacht, erhält man eine Subdominante 2. Grades, die a.. D o p p e l s u b d o m i n a n t e oder W e c h s e l s u b d o m i n a n t e bezeichnet wird. Bei systematischer Weiterführung dieses Prinzips erhält man nach und nach die Subdominanten höherer Grade. Ähnlich wie die Dominanten höherer Grade sind auch die Subdominanten höherer Grade als solche nur dann verständlich, wenn sie in Ketten steigender oder fallender Grade erscheinen. Bezeichnet werden die Subdominanten entsprechend ihrem Grad durch eine vorgesetzte Ziffer, lediglich die Doppelsubdominante wird durch das alte Symbol der beiden ineinander verhakten S gekennzeichnet: 6·S, 5·S, 4·S, 3·S.

Die Subdominanten können als Dur- oder als Mollakkorde erscheinen.

d) Literaturbeispiele „Hauptharmonien"

J. S. Bach, „Auf meinen lieben Gott"

J. S. Bach, „Du Friedefürst"

Mozart, Variationen, „Willem van Nassau"

Beethoven, Sonate op. 27,1

Brahms, Intermezzo op. 119,2

Brahms, Sonate op. 5 Finale

e) Kadenzmodelle

Eine Akkordfolge, durch welche die wichtigsten harmonischen Bezüge einer Tonart dargestellt werden, wird als K a d e n z bezeichnet.

Mit Hilfe von Hauptharmonien und Dominanten oder Subdominanten höherer Grade lassen sich bereits mannigfache Kadenzmodelle, von denen im folgenden einige dargestellt seien, bilden.

f) Fragen

1) Wie heißen die Hauptharmonien jeder Dur- und Molltonart und welche Töne sind in jedem Akkord enthalten?

2) Wie heißen in jeder Tonart
   der Dominantseptakkord?
   der große und kleine Dominantnonenakkord?
   der verkürzte Dominantseptakkord?
   der verkürzte kleine Nonenakkord (verminderte Septakkord)?
   der verkürzte große Nonenakkord?

3) Wie heißt in jeder Tonart die Subdominante mit *sixte ajoutée*?

4) Welche Vorhaltsbildungen sind für die Dominante typisch?

5) Was ist eine Kadenz?

6) Welches sind die gemeinsamen Töne der Hauptharmonien?

7) Was ist bei der Verbindung von S zu D stimmführungstechnisch zu beachten?

8) Gibt es zwischen S und D gemeinsame Töne — wenn ja, unter welchen Umständen?

9) Wie kann ein übermäßiger Dreiklang funktional verstanden werden?

10) Was ist ein authentischer, was ein plagaler Schluß?

11) Was versteht man unter einem Neapolitaner?

12) Wie heißt in jeder Tonart der neapolitanische Sextakkord?

13) Wie kann man dominantische Akkorde alterieren?

14) Welche dominantischen alterierten Akkorde werden namentlich bezeichnet?

15) Wie kann man subdominantische Akkorde alterieren?

16) Welche alterierten Akkorde einer Subdominante sind identisch mit welchen alterierten Akkorden der Dominante einer anderen Tonart?

17) Was versteht man unter Dominanten oder Subdominanten höherer Grade?

g) Schriftliche Aufgaben

1) Schreibe Kadenzen in verschiedenen Lagen und Tonarten!

2) Transponiere die Kadenzmodelle der Seiten 88, 101 u. 106—107 nach anderen Tonarten!

3) Notiere diese Kadenzmodelle in anderen Lagen!

4) Erfinde freie Kadenzmodelle unter Einbeziehung von Vorhalten, Dominantseptakkord, Subdominante mit *sixte ajoutée*, Neapolitaner, alterierten Akkorden, Dominanten höherer Grade, Nonenakkorden, verkürzten dominantischen Akkorden (selbstverständlich auch Akkordumkehrungen benutzen!); vergiß nicht die Takteinteilung!

5) Löse die Aufgaben 1, 2, 18 aus Kap. III F!

6) Löse die Aufgaben 1, 2 aus Kap. III D!

7) Versuche freie Harmonisierungen der Melodien 1, 4 (Choräle) und 1 — 4, 7 (Volkslieder) aus Kap. III H!

8) Analysiere die Akkorde aus Kap. III G,1 und ergänze eine sinnvolle Fortsetzung (mindestens ein Akkord)!

3) Die Nebenharmonien

Alle innerhalb einer Tonart vorkommenden Akkorde, deren Grundtöne nicht durch die I., IV. oder V. Stufe gebildet werden, sind N e b e n h a r - m o n i e n. Im Gegensatz zu den Hauptharmonien stehen solche Akkorde nicht in quintverwandtschaftlichem Bezug zur Tonika, sondern in terzverwandtschaftlichem Verhältnis zu den drei Hauptharmonien.

Die Nebenharmonien sind völlig selbständige harmonische Funktionen, die zum Gesamtbild einer Tonart gehören. In gewissen Fällen kann eine Nebenharmonie auch jene Hauptharmonie, zu der sie in terzverwandtem Verhältnis steht, ersetzen; man bezeichnet Akkorde, die eine solche Funktion ausüben, als V e r t r e t e r k l ä n g e oder V e r t r e t e r h a r m o - n i e n (vgl. II B, 3e).

a) Das System der Terzverwandtschaften (Medianten)

Harmonien, deren Grundtöne im Terzabstand zueinander stehen, werden als „terzverwandt" bezeichnet.

Das Verhältnis, dem die **k l e i n e T e r z** zugrunde liegt, ist die **P a r a l l e l e,**

das Verhältnis, dem die **g r o ß e T e r z** zugrunde liegt, ist der **G e g e n -k l a n g.**

Zu jeder Hauptharmonie lassen sich nach oben und unten jeweils eine Parallele und ein Gegenklang bilden:

Parallele   Gegenklang   Gegenklang   Parallele

Gekennzeichnet werden terzverwandte Klänge durch die Buchstaben P (Parallele) und G (Gegenklang), die jeweils in Verbindung mit dem Symbol der Hauptharmonie, zu der sie in Bezug stehen (also T, S oder D) an zweiter Stelle stehen. Es ergeben sich somit Verbindungen wie TP, TG, DP, SG etc., die allerdings noch durch Groß- und Kleinschreibung der einzelnen Buchstaben modifiziert werden.

b) Die leitereigenen Nebenharmonien
Dur

Leitereigene Nebenharmonien in Dur bilden sich auf der II., III. und VI. Stufe (der leitereigene Klang auf der VII. Stufe wurde schon als Dominantharmonie definiert — siehe Seite 72—73 — und gehört nicht zu den Nebenharmonien). Die Dreiklänge auf diesen Stufen sind Modelldreiklänge:

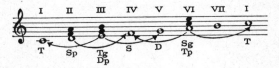

Die funktionale Wertung der Harmonien ist abhängig von dem terzverwandten Bezug der jeweiligen Grundtöne zu den umgebenden Hauptharmonien:

II. Stufe: terzverwandt mit IV. und VII. Stufe; da die VII. Stufe
selbst nicht grundtönig verstanden wird, scheidet sie als harmonischer Bezugspunkt aus. Somit ist nur das Verhältnis zur IV.
Stufe zu kennzeichnen, zu der sich ein P a r a l l e l v e r h ä l t -
n i s ergibt; die Harmonie wird also als Parallele der Subdominante, kurz S u b d o m i n a n t p a r a l l e l e bezeichnet. Der
Akkord ist ein Molldreiklang: deshalb wird sein Zeichen „p"
klein geschrieben. Die bezogene Subdominante ist ein Durdreiklang, deshalb wird ihr Zeichen „S" groß geschrieben. Es ergibt
sich also die Kombination Sp.

III. Stufe: terzverwandt mit I. und V. Stufe. Beide Stufen bilden
die Grundtöne zu Hauptharmonien, deshalb kann die III. Stufe
auch in bezug zu beiden betrachtet werden.

Die Beziehung zur I. Stufe beruht auf einer großen Terz, ist
also ein G e g e n k l a n g v e r h ä l t n i s . Es ergibt sich das
Symbol Tg, das heißt T o n i k a g e g e n k l a n g (die bezogene Tonika ist ein Durdreiklang, daher T; der Gegenklang-
akkord selbst aber ist ein Molldreiklang, daher g). Die Beziehung zur V. Stufe beruht auf einer kleinen Terz, und ist somit
ein P a r a l l e l v e r h ä l t n i s . Es ergibt sich das Symbol Dp,
das heißt D o m i n a n t p a r a l l e l e (die bezogene Dominante ist ein Durdreiklang, daher D; der Parallelakkord selbst
ist ein Molldreiklang, daher p).

VI. Stufe: terzverwandt mit IV. und I. Stufe

Die Beziehung zur IV. Stufe beruht auf einer großen Terz
und ist deshalb ein G e g e n k l a n g v e r h ä l t n i s : Sg
(S u b d o m i n a n t g e g e n k l a n g).

Die Beziehung zur I. Stufe beruht auf einer kleinen Terz und
ist somit ein P a r a l l e l v e r h ä l t n i s : Tp (T o n i k a -
p a r a l l e l e).

Moll

Das leitereigene Material einer Molltonart ist wegen der möglichen verschiedenen Versionen des zweiten Tetrachordes reichhaltiger als das einer Durtonart, was sich auch hinsichtlich der Nebenharmonien auswirkt.

Bei Zugrundelegung der melodischen Molltonleiter, die wegen ihrer verschiedenen Gestaltungen des 2. Tetrachordes bei Auf- und Abwärtsgang das reichhaltigste Tonmaterial zur Verfügung stellt, ergeben sich folgende Nebenharmonien:

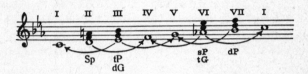

II. Stufe: Der Molldreiklang ist Parallelklang zur Dursubdominante, daher ergibt sich das Zeichen Sp, Subdominantparallele.

III. Stufe: Der Durdreiklang kann als Parallelklang zur I. Stufe der Molltonika aufgefaßt werden, womit sich das Zeichen tP ergibt, Tonikaparallele. Eine zweite Beziehung als Gegenklang ergibt sich zur V. Stufe, der Dominante, die in diesem Zusammenhang als Molldreiklang aufgefaßt werden muß; dadurch ergibt sich das Zeichen dG, Dominantgegenklang.

VI. Stufe: Der Durdreiklang der (kleinen) VI. Stufe kann als Parallele zur Mollsubdominante aufgefaßt werden, wodurch sich sP, Subdominantparallele, ergibt.

Eine zweite Beziehung als Gegenklang besteht zur Molltonika, daher das Zeichen tG, Tonikagegenklang.

VII. Stufe: Nur auf der erniedrigten VII. Stufe kann sich eine Nebenharmonie bilden, sofern die Klänge leitereigen bleiben sollen. Dieser Durdreiklang bezieht sich als Parallele auf die Molldominante, daher ergibt sich dP, Dominantparallele. (Diese Harmonie kann auch als 𝄞 gewertet werden.)

Mehrere Akkorde, die im leitereigenen Material entstehen können, sind nicht als Nebenharmonien zu verstehen, da sie sämtlich eine verminderte oder übermäßige Quinte enthalten und deshalb grundtonlos sind:

II. Stufe: v e r m i n d e r t e r   D r e i k l a n g ; wertbar als Bestandteil eines zweimal verkürzten kleinen Nonenakkordes der Dominante;
oder als Mollsubdominante mit *sixte ajoutée* ohne Quinte.

III. Stufe: ü b e r m ä ß i g e r   D r e i k l a n g ; aufzufassen als Tonika oder Dominante (vgl. II B, 2a und II B, 2b, 2).

VI. Stufe: v e r m i n d e r t e r   D r e i k l a n g auf der großen VI. Stufe; wertbar als die (seltene) Verkürzungsform einer Dursubdominante mit kleiner Septime.

VII. Stufe: v e r m i n d e r t e r   D r e i k l a n g auf dem Leitton; wertbar als verkürzter Dominantseptakkord.

Das Akkordmaterial der Nebenharmonien

Leitereigene Nebenharmonien erscheinen als Dur- oder Molldreiklänge. Ihr jeweiliges Geschlecht ist im erweiterten Tonmaterial wandelbar.

Nebenharmonien lassen sich wie Hauptharmonien zu S e p t a k k o r d e n („Nebenseptakkorden") und N o n e n a k k o r d e n erweitern oder mit Ajoutierungen versehen. Je komplizierter die Akkorde gestaltet werden, desto vielseitiger wird ihr funktionaler Bezug, da möglicherweise verschiedene ihrer Töne als Grundton definierbar sind. Entscheidend ist in solchen Fällen der musikalische Zusammenhang, aus dem fast immer eine sinnvolle Ordnung lesbar ist.

c) Das erweiterte Tonmaterial, entfernte Terz- verwandtschaften

Durch Erhöhung und Erniedrigung der Stammtöne einer Tonleiter läßt sich der Bereich einer Tonart großzügig erweitern. In dem folgenden Diagramm sind alle terzverwandten Harmonien (hier nur als Dur- oder Molldreiklänge dargestellt) eines tonalen Zentrums zusammengestellt. Es zeigt sich, daß nicht nur beide Akkordgeschlechter der Nebenharmonien benutzt werden, sondern auch die der Hauptharmonien. Dadurch ist ein Geschlecht des tonalen Zentrums natürlich nicht mehr definierbar: dieses ist sowohl Dur wie Moll.

Tonales Zentrum C

Tonika

Subdominante

Dominante

(siehe Literaturbeispiele auf Seite 153 ff.)

Anmerkung: Die Bestimmung des Geschlechtes einer bezogenen Haupt-harmonie, das in einem Teil der Verwandtschaftsdefinition als Dur, in einem anderen als Moll betrachtet wird, geht aus von der entscheidenden Bedeutung der Terz der Bezugsharmonie für die Nebenharmonien. Diese bildet für die unten liegenden terzverwandten Klänge die Ak - kordquinte, für die oben liegenden den Grundton.

Es ergeben sich damit, bezogen auf einen Dreiklang C-Dur/Moll, die gekennzeichneten Verhältnisse (die beispielgebend für alle derartigen Bezugsverhältnisse sind, unabhängig davon, welche Hauptharmonie bezogen wird)

a) bei unten stehendem Gegenklang ist dessen Quinte, bei obenstehender Parallele deren Grundton identisch mit einer M o l l t e r z der bezogenen Hauptharmonie (in diesem Fall ergibt sich für deren Kennzeichnung immer ein Kleinbuchstabe):

b) bei untenstehender Parallele ist deren Quinte, bei obenstehendem Gegenklang dessen Grundton identisch mit einer D u r t e r z der bezogenen Hauptharmonie (in diesem Fall ergibt sich für deren Kennzeichnung immer ein Großbuchstabe):

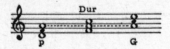

Man bezeichnet Terzverwandtschaften als „entfernt" (im Gegensatz zu den „direkten Terzverwandtschaften"), wenn die Harmonien nicht mehr mit dem leitereigenen Material einer Dur- oder Molltonart darzustellen sind. Dazu gehört auch, wenn in Dur leitereigenes Material von Moll oder in Moll solches von Dur bei der Bildung von terzverwandten Klängen benutzt werden muß.

d) Die Terzverwandtschaften höherer Grade

Terzverwandtschaftliche Beziehungen lassen sich bis zum zweiten Grad steigern (vgl. Dominanten und Subdominanten höherer Grade, II B, 2b, 6 und 2c, 6). So kann zur Parallele einer Hauptharmonie deren Parallele und zu einem Gegenklang dessen Gegenklang gebildet werden. Bezogen auf die Hauptharmonie C (Dur/Moll) ergeben sich die nachstehenden Möglichkeiten (zur Symbolisierung eines solchen Klanges sind drei Buchstaben erforderlich):

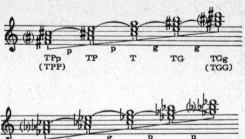

e) Klangvertretung, Trugschluß

Funktionale Harmonik wird zu einem guten Teil dadurch charakterisiert, daß ganz bestimmte Harmoniefolgen innerhalb gewisser Zusammenhänge immer wiederkehren. Diese Tatsache begünstigt eine Hörerfahrung, der zufolge bestimmte harmonische Zusammenhänge als sinnvoll, richtig oder zwingend, andere aber auch als unrichtig oder unlogisch wirken. Insgesamt bestätigt diese Erfahrung nicht weiter erklärbare Gesetzmäßigkeiten, nach welchen im musikalischen Ablauf gewisse harmonische Funktionen an bestimmte Stellen im harmonischen Gefüge gehören.

Es zeigt sich nun in der Praxis sehr häufig, daß die Plätze bestimmter Funktionen durch andere eingenommen werden. Auch dieses Verfahren der Substitution unterliegt einer gewissen Ordnung: normalerweise sind es Hauptharmonien, deren Plätze durch Nebenharmonien eingenommen werden. Diese Nebenharmonien stehen gewöhnlich in terzverwandtem Verhältnis zu der zu vertretenden Funktion, sind also deren Gegenklang oder Parallele. Ihrer Wirkungsweise gemäß sind die Harmonien in diesem Zusammenhang Klangvertreter (oder „Vertreterharmonien"). Eine solche Klangvertretung bringt natürlich mehr oder weniger gravierende klangliche Konsequenzen mit sich, wodurch aber nichts an der Tatsache geändert wird, daß die Harmonik durch dieses Verfahren nicht gestört wird und ihr weiterer Verlauf nicht beeinflußt werden muß (wohl aber kann).

Deutlich wird das Verfahren der Substitution besonders in einer Wendung, die so auffallend häufig in Gebrauch ist, daß sie namentlich bezeichnet wird: der Trugschluß.

Der besondere Effekt dieser Wendung beruht auf dem Phänomen, daß dominantische Klänge eine Fortsetzung in der zu ihnen gehörenden Tonika erwarten lassen. Im Trugschluß wird diese Erwartung nur zu einem Teil, nicht aber völlig befriedigt, da an Stelle der Tonika eine mit ihr nahe verwandte Klangvertretung erscheint: in Dur die Tp, in Moll der tG (in beiden Fällen also die VI. Stufe der Tonart).

Selbstverständlich kann der Trugschluß keine endgültige Vertretung der Tonika sein, und es ist deshalb auch nicht möglich, mit einem Trugschluß zu enden. Kadenziale Verläufe rollen die Harmonik nach einem Trugschluß noch einmal auf, in den meisten Fällen durch die S, möglicherweise aber auch durch D, Dp oder T.

In der Trugschlußkadenz ergibt sich somit als harmonische Folge

a) Dur: T S D Tp S D T

b) Moll: t s D tG s D t

(vgl. auch die Kadenzbeispiele auf den Seiten 88, 101, 106—107).

Es ist darüber hinaus möglich, daß der für Dur typische Trugschluß (Tp) in eine Mollkadenz und der für Moll typische (tG) in eine Durkadenz eingebaut wird.

Wichtige Stimmführungsregel:

Bei korrekter Stimmführung ergibt sich in der Trugschlußharmonie eine Terzverdoppelung. Sie entsteht durch die erforderliche Gegenbewegung zum Baß in zwei Stimmen und den parallel zum Baß sich weiterbewegenden Leitton (siehe die untenstehenden Beispiele a und b, vgl. auch Auflösungsbeispiele des D^7 in II B, 2 b, 1).

Trugschlüssige Wendungen nach der Dominante lassen sich auch auf andere Weise bilden. Die untenstehende Reihe von Beispielen zeigt, daß sowohl die Baßbewegung von der V. zur VI. Stufe wie auch die korrekte Auflösung des Leittons der Dominante erhalten bleiben — verändert ist hingegen das Akkordgerüst durch andere Lage der Mittelstimmen:

f) Literaturbeispiele „Nebenharmonien"

J. S. Bach, „Nun laßt uns Gott, dem Herren"

Schubert, „Die Krähe"

Wagner, „Parsifal"

Entfernte Terzverwandtschaften

Gesualdo „moro lasso"

R. Wagner, „Tristan und Isolde"

R. Strauss, „Elektra"

Fürstner Ltd., London – B. Schott's Söhne, Mainz

Zur Erklärung: motivische Gegenklangharmonik (jeweils zwei aufeinander bezogene Akkorde), Verbindung der Glieder durch dominantische Beziehungen, ohne klar erkennbares tonales Zentrum (Anfang Cis-Dur, Ziel B-Dur; enharmonische Verwechslungen als Folge von Terzverwandtschaften höherer Grade).

g) Kadenzmodelle mit Haupt- und Nebenharmonien unter Einbeziehung entfernter Terzverwandtschaften

h) F r a g e n

1) Welches ist der Unterschied zwischen „Parallele" und „Gegenklang"?

2) Welches ist der Unterschied zwischen „direkten" und „entfernten Terzverwandtschaften"?

3) Auf welchen Stufen liegen Nebenharmonien und wie werden sie benannt (in Dur — in Moll)?

4) Welche Nebenharmonien in Moll sind identisch mit denen im gleichnamigen Dur?

5) Welche Strukturen weisen die leitereigenen Septakkorde der Nebenharmonien auf?

6) Was versteht man unter „Terzverwandtschaften zweiten Grades"?

7) Wie sind die leitereigenen Dreiklänge der II., III. und VII. Stufe von harmonisch Moll funktional zu verstehen?

8) Inwiefern ist das Geschlecht einer Hauptharmonie für die Bestimmung der auf sie bezogenen Nebenharmonien von Bedeutung?

9) Was versteht man unter einer „Klangvertretung"?

10) Was ist ein „Trugschluß"?

11) Welches ist die Harmonienfolge einer Trugschlußkadenz (in Dur — in Moll)?

12) Welche stimmführungstechnische Besonderheit ergibt sich normalerweise in der Trugschlußwendung?

i) S c h r i f t l i c h e A u f g a b e n

1) Analysiere die Kadenzbeispiele der Seiten 88, 101 u. 106—107!

2) Transponiere diese Kadenzen nach verschiedenen Tonarten!

3) Erfinde Kadenzen, die Nebenharmonien enthalten!

4) Löse die Aufgaben Nr. 3 — 7 aus Kap. III D in verschiedenen Tonarten!

5) Löse die Aufgaben Nr. 3 — 5 aus Kap. III F!

6) Harmonisiere die Choräle Nr. 2, 3, 5, 7 und die Volkslieder Nr. 5, 6, 10 aus Kap. III H!

4) Die Zwischenharmonien

Als *Zwischenharmonien* werden Akkorde bezeichnet, die harmonische Funktionen einer vorübergehend angenommenen tonalen Basis sind. Das Besondere hieran ist, daß diese Basis nicht identisch ist mit der übergeordnet herrschenden Tonart und daß sie für einen meist nur kurzen Moment (in den meisten Fällen nur für einen einzigen Akkord) gültig ist. Basis für Zwischenharmonien kann jede harmonische Funktion mit Ausnahme der Tonika sein.

Zur Kennzeichnung derartiger Vorgänge bedient sich die Funktionstheorie der folgenden Chiffren:

a) Zwischenharmonien stehen innerhalb einer runden Klammer;

b) bezogene Harmonie ist normalerweise die nach der sich schließenden Klammer erscheinende Funktion;
es ist aber auch möglich, daß die bezogene Harmonie schon vor den Klammerharmonien erklingt und diese somit rückbezogen sind — in diesem Fall wird das Zeichen der sich öffnenden Klammer mit einem nach links weisenden Pfeil versehen: ←(D);

c) beziehen sich die Klammerharmonien auf eine Funktion, die nicht selbst erklingt, muß diese als Bezugsbasis doch angegeben werden (weil sonst die Klammerharmonien nicht verständlich sind); in einem solchen Fall erscheint das Symbol der bezogenen Harmonie in eckiger Klammer unmittelbar nach der sich schließenden runden Klammer, etwas nach oben versetzt: T S Sp (D⁷) $^{[Tp]}$ S D T (vgl. auch I A, 3).

a) Zwischendominante

Z w i s c h e n d o m i n a n t e n , zuweilen auch als „Nebendominanten" bezeichnet, sind die am häufigsten auftretenden Zwischenharmonien. Es kommen hierfür alle Akkorde in Betracht, die als Dominanten definiert werden können, insbesondere:

Dominantseptakkord

verkürzter Dominantseptakkord

verminderter Septakkord

großer und kleiner Nonenakkord

sämtliche Formen dominantischer Akkorde mit ihren typischen Alterationen.

Grundsätzlich kann vor jede Harmonie eine Zwischendominante gesetzt werden, es ist hierbei aber eine wichtige metrische Gesetzmäßigkeit zu berücksichtigen: dominantisch wirkende Akkorde (und somit auch Zwischendominanten) stehen im Normalfall auf einer leichteren Taktzeit als der angestrebte Auflösungsakkord. Dominanten und Zwischendominanten, die auf betonter Taktzeit erscheinen, lassen sich durch Vorhaltsbildungen in die Leichtzeit dehnen.

An nachstehendem Beispiel ist zu ersehen, wie eine einfache Folge von leitereigenen Haupt- und Nebenharmonien (a) durch Einfügung von Zwischendominanten bereichert werden kann (b):

b) Zwischensubdominante

Ebenso wie **Zwischendominanten** gibt es (seltener) Zwischensubdominanten, das sind Akkorde mit dem charakteristischen Effekt der Subdominanten (daher auch häufig in der Erscheinungsform mit *sixte ajoutée*). Oft erscheinen Zwischensubdominanten mit nachfolgender Zwischendominante als kleine „Zwischenkadenz" (s. u.).

c) Zwischenkadenzen

Mehrere innerhalb einer Klammer stehende Harmonien stellen kadenzierende Vorgänge dar, für welche die tonale Basis der Haupttonart zugunsten einer angenommenen Tonika außer Kraft gesetzt ist.

d) Literaturbeispiele „Zwischenharmonien"

Mozart, Requiem (Lacrimosa)

Mozart, Requiem (Agnus dei)

Mozart, Grabkantate

Beethoven, Streichquartett op. 59,2

R. Wagner, „Tristan und Isolde"

R. Strauss, „Elektra"

Fürstner Ltd., London — B. Schott's Söhne, Mainz

e) Kadenzen mit Haupt-, Neben- und Zwischenharmonien

f) Fragen

1) Was versteht man unter „Zwischenharmonien"?

2) Welche Formen kann der Akkord einer Zwischendominante annehmen?

3) Welches ist der Bedeutungsunterschied zwischen runder und eckiger Klammer?

4) Woran ist zu ersehen, auf welche Funktion Zwischenharmonien sich beziehen?

5) Welche anderen Funktionen als Dominanten können Zwischenharmonien sein?

6) Was ist eine Zwischenkadenz?

g) Schriftliche Aufgaben

1) Analysiere die Kadenzbeispiele der Seiten 88, 101 u. 106—107!

2) Transponiere diese Kadenzen nach anderen Tonarten!

3) Erfinde selbst Kadenzen in Dur und Moll, die Nebenharmonien (insbesondere auch entfernte Terzverwandtschaften) und Zwischenharmonien enthalten!

4) Löse die Aufgaben 8 - 10 aus Kap. III D!

5) Löse die Aufgaben Nr. 6 — 17 und 19 — 23 aus Kap. III F!

6) Harmonisiere Kirchen- und Volksliedmelodien (III H), soweit sie nicht modulieren!

C Die Modulation

1) *Allgemeines*

M o d u l a t i o n ist der Übergang von einer Tonart zu einer anderen. Da kein anspruchsvolleres dur-moll-tonales Musikstück ohne Modulationen auskommen kann, gehören deren technische Mittel zu den Grundlagen der Harmonielehre.

In größeren Stücken pflegt die harmonische Plattform sich des öfteren zu verändern, wobei diese Wechsel in den meisten Fällen durch irgendwelche modulatorische Verfahren hervorgerufen werden (findet ein Wechsel der Tonarten ohne Modulation statt, spricht man von R ü c k u n g). Es gilt als normal, daß ein geschlossenes Musikstück an seinem Ende zur tonalen Ausgangsbasis zurückkehrt (vgl. die Hinweise auf Ausnahmefälle in II E, 1).

Wird hingegen eine Tonart nur kurz verlassen und ein kadenzialer Einschnitt in einer verwandten Tonart gebildet (meist der Dominante oder einer Mediante), spricht man von A u s w e i c h u n g ; in diesen Fällen erfolgt danach die Rückkehr (gewöhnlich ohne Rückmodulation) zur Ausgangstonart. Innerhalb eines Musikstückes ist eine Modulation zweckgebunden (da mit ihr eine neue Tonart erreicht werden soll) und gewöhnlich so logisch in die organische Entwicklung des Werkes eingeflochten, daß sie nicht als formales Einzelelement in Erscheinung tritt.

Der technischen Möglichkeiten zur Modulation gibt es mehr, als hier dargestellt werden können, da diese jeweils von den spezifisch individuellen Merkmalen einer Komposition geprägt werden. Eine Beschränkung des umfangreichen Stoffes auf einige wenige, im folgenden Abschnitt „Schulmodulation" erklärte und auf ihre elementaren Vorgänge reduzierte Systeme scheint aus methodischen Gründen gerechtfertigt zu sein. Es ist unerläßlich, daß nach Erarbeitung dieser Grundlagen die in der Originalliteratur enthaltenen mannigfachen modulatorischen Vorgänge aufgesucht und analysiert werden.

Entscheidend für das sinnvolle Einfügen einer Modulation in einen größeren musikalischen Verlauf ist, daß die kennzeichnenden Elemente der melodischen und rhythmischen Bewegungen zwanglos auch innerhalb jener harmonischen Ereignisse verarbeitet werden, durch welche der tonale Wechsel vollzogen wird.

2) *Die Schulmodulation am Klavier*

Im Gegensatz zur Modulation innerhalb eines Musikstückes ist die Schulmodulation ein kurzer, selbständiger Satz, der in einer bestimmten Tonart beginnt und in einer anderen endet. Die technische Ausführung kann im Sinne eines vierstimmig homophonen Satzes (etwa in der Art von Kadenzen) oder als freier, instrumentgerechter Klaviersatz (der weniger an die stimmführungstechnischen Regeln des strengen Satzes gebunden ist) erfolgen. Versiertere Spieler können sich auch der instrumentalpolyphonen Technik im zwei- oder dreistimmigen Satz bedienen (Vorbild sollte in diesem Fall die von Bach in seinen zwei- und dreistimmigen Inventionen angewandte Technik sein).

Voraussetzungen:

Zur Ausführung von Modulationen am Klavier ist die Beherrschung des Kadenzspiels (in allen Dur- und Molltonarten) unerläßliche Voraussetzung. Kadenzen müssen mit allen wesentlichen Erweiterungen ausgeführt werden können; hierzu gehören insbesondere:

a) Nebenharmonien; Trugschluß; Neapolitaner;

b) Nebenharmonien im erweiterten Tonmaterial (entfernte Terzverwandtschaften!);

c) „charakteristische Dissonanzen" (insbesondere die Erweiterungen dominantischer Harmonien, Subdominante mit *sixte ajoutée*, Septakkorde der Nebenharmonien);

d) Zwischendominanten in ihren vielfältigen Erscheinungsformen;

e) Vorhalte;

f) Akkordumkehrungen.

Zum Bereich des Kadenzspiels gehören auch verschiedene Modelle harmonisierter Dur- und Molltonleitern und der chromatischen Tonleiter (steigend und fallend, Melodie in Oberstimme oder Baß).

Im Zusammenhang mit der Schulmodulation werden die folgenden technischen Begriffe benutzt:

A u s g a n g s t o n a r t : die Tonart, in welcher der Satz beginnt;

Z i e l t o n a r t : die Tonart, in welcher der Satz endet;

m o d u l a t o r i s c h e r K e r n : der Moment, in welchem sich der Wechsel der tonalen Ebenen vollzieht. Dies kann ein einzelner Akkord, aber auch eine Verbindung von zwei oder drei Akkorden sein. Der modulatorische Kern steht im Zentrum der Modulation;

K e t t e n m o d u l a t i o n : modulatorische Folge, in welcher eine Zieltonart nicht auf direktem Wege angestrebt wird, sondern erst nach einem mehrfachen Wechsel der tonalen Basis; zwangsläufig hat die Kettenmodulation mehrere modulatorische Kerne.

Die einfache Schulmodulation setzt sich zusammen aus zwei Gruppen von Harmonien, von denen die erste die Ausgangstonart beschreibt und in den modulatorischen Kern führt, während die zweite vom modulatorischen Kern aus in die Kadenz der Zieltonart einbiegt und diese festigt.

Sinn einer Modulation sollte sein, einem Hörer die Vorgänge um einen Tonartwechsel verständlich zu machen, das heißt: die klanglichen Ereignisse müssen die Absicht des Wechsels erkennen lassen. Modulationen im Musikwerk sind immer Ereignisse von besonderer Bedeutung — wenn ein Wechsel der tonalen Basis dem Hörer nicht bewußt wird, entgehen ihm ganz entscheidende Positionen der Architektonik des Werkes. So kann es keinesfalls Sinn einer modulierenden harmonischen Folge sein, Ereignisse zu vertuschen oder vor dem Hörer zu verschleiern. Dies bedeutet, daß ein modulatorischer Kern gut plaziert und deutlich herausgearbeitet werden muß, um dem Hörer nicht nur einen Wechsel anzudeuten, sondern ihn das Ereignis auch verstehen zu lassen. Hierzu gehört endlich auch ein gewisses Mindestmaß an zeitlicher Ausdehnung mit guter Proportionierung der tonalen Felder.

a) Das Verlassen der Ausgangstonart

Die **Ausgangstonart** sollte mit wenigen Akkorden charakterisiert werden, wobei eine Harmoniefolge zwanglos die Tonart „eröffnet" und zum modulatorischen Kern führt. Hier einige Beispiele für den ersten harmonischen Komplex der Modulation:

Mit Hilfe leitereigener Akkorde läßt sich jede leitereigene Harmonie (die ggf. den modulatorischen Kern bilden soll) erreichen, und zwar

Dur

II. Stufe: T – $\underset{5\ 3}{\overset{7}{D}}$ – T – S – Sp ‖ T – Tp – S – Sp

III. Stufe: T – S – D – Dp ‖ T – Tp – Dp ‖ T – D – Tp – Dp

IV. Stufe: T – $\underset{5\ 3}{\overset{7}{D}}$ – T – S ‖ T – Tp – (D) S ‖ T – D – Tp – S

V. Stufe: T – S – D ‖ T – Tp – $\underset{3}{D^7}$ – D ‖ T – Tp – S – Sp – D

VI. Stufe: T – S – D – Tp ‖ T – D – (D) – Tp

Moll

II. Stufe (als Sp): t – D – (D) – S – (D) – Sp

III. Stufe (als tP): t – D – tG – tP ‖ t – (D) – tG – tP

IV. Stufe (als s oder S): t – $\underset{5}{\overset{7}{D}}$ – (D) – s ‖ t – tG – s

V. Stufe: t – s – D ‖ t – tG – (D) – D

VI. Stufe: t – s – D – tG

VII. Stufe (als $\math‌{\overset{s}{S}}$): t – s^7 – $\overset{s}{S}$ ‖ t – tG – (D) – $\overset{s}{S}$

Die Einfügung von Zwischendominanten glättet rauhe Verbindungen; außerdem ist es fast immer angebracht, vor den angezielten modulatorischen Kern eine Zwischendominante zu setzen, sofern dies die metrischen Verhältnisse erlauben.

Formeln zum Verlassen der Ausgangstonart (Musterbeispiele)

b) Bekräftigung der Zieltonart

Nachdem mit dem **m o d u l a t o r i s c h e n K e r n** der Bereich der **Z i e l t o n a r t** erreicht worden ist, muß diese kadenzierend bestätigt werden. Zur Erhaltung des formalen Gleichgewichts sollte die Akkordgruppe der Zieltonart nicht weniger umfangreich als die der Ausgangstonart sein, eher dürfte eine etwas größere Ausdehnung angebracht sein.

Dehnungen der beschließenden Kadenz lassen sich mit Hilfe von **N e b e n h a r m o n i e n** (Trugschluß!), **Z w i s c h e n d o m i n a n t e n** und **V o r h a l t e n** (insbesondere des Vorhaltsquartsextakkordes der Dominante) erreichen.

Eine **Z w i s c h e n d o m i n a n t e** ist auch — bei passenden metrischen Verhältnissen — immer angebracht als Einschub zwischen dem modulatorischen Kern und dem danach einsetzenden kadenzierenden Ablauf in der Zieltonart.

Da die Tonika der Zieltonart das eigentliche harmonische Ziel des Satzes ist, sei zur Vermeidung eines Spannungsgefälles empfohlen, diesen Akkord bis zum Schluß auszusparen. Läßt sich die Einfügung der Zieltonika schon vorher in den harmonischen Ablauf nicht vermeiden, sollte sie möglichst als Sextakkord erscheinen oder als Zwischendominante zur Subdominante abgefärbt werden.

Zur Bekräftigung der Zieltonart sind die **c h a r a k t e r i s t i s c h e n D i s s o n a n z e n** in die Akkorde von Subdominante und Dominante einzubauen.

Der Bereich der Zieltonart kann mit jedem leitereigenen Klang (auch den Harmonien des erweiterten Tonmaterials) erreicht werden. Beim Auskadenzieren sollte man sich anfangs gewisser festgelegter Formeln bedienen, die selbstverständlich durch Zwischendominanten und Vorhaltsbildungen bereichert werden können:

erreichte Stufe
der Zieltonart

II. Stufe (Sp): — D — Tp — S — D — T ‖ — D — tG — s — D — t
III. Stufe (tP): — tG — s — D — t
III. Stufe (Tg): — Tp — S — D — T
IV. Stufe (S, s): — (D) — D — T (auch mit Einfügung eines Trugschlusses)
V. Stufe (D): Trugschlußkadenz
V. Stufe (d): — D — T — S — D — T ‖ — (D) — s — D — T
VI. Stufe (tG): — s — D — t
VI. Stufe (Tp): — S — D — T
VII. Stufe (𝄢): — (D) — D — Trugschlußkadenz

c) Die metrischen Verhältnisse

Auch rhythmisch neutrale Akkordfolgen unterliegen einem latenten, metrisch gebundenen Akzentuierungsprinzip, das gerad- oder ungeradtaktig sein kann. Die Lage der Schwerpunkte ist von besonderer Bedeutung, da gewisse harmonische Vorgänge nur dann verständlich sind und logisch wirken, wenn sie mit den für sie typischen Werten der metrischen Ordnung zusammenfallen. Grundsätzlich sind deshalb die nachfolgenden metrischen Gesetzmäßigkeiten zu beachten:

Harmonien auf betonter Taktzeit sind

a) S c h l u ß t o n i k a , sofern nicht als weiblicher Schluß dargestellt;

b) S u b d o m i n a n t e mit *sixte ajoutée;*

c) V o r h a l t e aller Art.

Harmonien auf unbetonter Taktzeit sind

a) D o m i n a n t e , sofern nicht vorgehalten oder mit Hilfe von Durchgangsbewegungen oder Akkordrepetition künstlich verlängert;

b) Z w i s c h e n d o m i n a n t e , sofern nicht vorgehalten;

c) D u r c h g a n g s h a r m o n i e n ;

d) V o r h a l t s a u f l ö s u n g e n

Zur Vermeidung von metrischen Fehlern kann es erforderlich werden, Harmonien entweder metrisch zu „korrigieren" oder auf einen passenden metrischen Wert zu verschieben.

Man sollte sich folgende Korrekturmöglichkeiten merken:

Erscheint eine typische Leichtzeitharmonie (etwa eine Dominante) auf einem betonten Wert, dann entweder

a) einen V o r h a l t einbauen oder

b) die H a r m o n i e in die Leichtzeit d e h n e n (evtl. mit Hilfe einer Durchgangsbewegung oder Akkordrepetition).

Typische Schwerzeitharmonien in jedem Fall auf eine Schwerzeit setzen, auch wenn zuvor ein „Verlegenheitsakkord" eingeschoben werden muß, weil die vorangehende Leichtzeit noch nicht gefüllt ist; zum Einschub eignen sich

a) Z w i s c h e n d o m i n a n t e n ;

b) N e b e n h a r m o n i e n (Klangvertreter) der vorangegangenen Hauptharmonie;

c) R e p e t i t i o n der vorangehenden Harmonie (etwa als Sextakkord).

3) Technik der Modulation

Zwei im Prinzip voneinander unterschiedene Techniken der Modulation seien hier hervorgehoben, weil sie besonders häufig — wenn freilich auch in jeweils andersartiger, dem Kontext angepaßter Gestalt — in der Literatur zu finden sind:

a) Modulation durch U m d e u t u n g ;

b) Modulation durch e n h a r m o n i s c h e U m d e u t u n g (auch „chromatisch-enharmonisch").

Daneben ist insbesondere auch auf die Technik der Sequenzierung hinzuweisen, die oft modulatorische Vorgänge hervorbringt.

a) M o d u l a t i o n d u r c h U m d e u t u n g

Das Prinzip dieser Technik beruht darauf, daß ein bestimmter Akkord als Bindeglied zwischen Ausgangs- und Zieltonart erscheint, daß er Funktion beider ist und „umgedeutet" wird. Dieser Akkord bildet den m o d u - l a t o r i s c h e n K e r n ; die Umdeutung vollzieht sich unhörbar und wird nur aus dem Kontext verständlich (allerdings kann sie auch durch Zusätze oder Verlängerungen innerhalb des Akkordes verdeutlicht werden).

Voraussetzung für die Anwendung dieser Technik ist, daß es zwischen den beiden zu verbindenden Tonarten eine umdeutbare Harmonie gibt. Dies ist allerdings in den meisten Fällen gegeben, zumal von jeder der Tonarten das erweiterte Material benutzt werden kann (lediglich bei sehr weit voneinander entfernten Tonarten entstehen in dieser Beziehung Schwierigkeiten).

Gelegentlich wird zwischen „diatonischer" und „chromatischer" Modulation unterschieden. Diese Trennung bedeutet — wenn in beiden Fällen die Modulation durch Umdeutung ausgeführt wird — keinen prinzipiellen Unterschied, zumal die Grenze nicht ganz deutlich zu ziehen ist: im einen Fall sollen nur Akkorde benutzt werden, die mit dem leitereigenen Material gebildet werden können (hier werden allerdings schon gewisse Erweiterungen wie Mollsubdominante und Neapolitaner einbezogen), während im anderen das chromatisch erweiterte Material — wie etwa entfernte Terzverwandtschaften — in möglichst auffälliger Weise benutzt wird.

Das Material von C-Dur bzw. c-Moll sieht — unter Einbeziehung des erweiterten Tonmaterials — so aus:

Dur/Molldreiklänge:	harmonische Bedeutung:
C-Dur	Durtonika (T)
c-Moll	Molltonika (t)
Des-Dur	Neapolitaner (N, N̩)
d-Moll	Parallele der Dursubdominante (Sp)
D-Dur	Doppeldominante
Es-Dur	Parallele der Molltonika (tP)
es-Moll	Mollparallele der Molltonika (tp)
e-Moll	Dominantparallele (Dp)
	Tonikagegenklang (Tg)
E-Dur	Dominantdurparallele (DP)
	Tonikadurgegenklang (TG)
F-Dur	Dursubdominante (S)
f-Moll	Mollsubdominante (s)
G-Dur	Dominante (D)
g-Moll	Molldominante (d)
As-Dur	Molltonikagegenklang (tG)
as-Moll	Molltonikamollgegenklang (tg)
a-Moll	Durtonikaparallele (Tp)
A-Dur	Durtonikadurparallele (TP)
B-Dur	Doppeldursubdominante (§̄)
b-Moll	Doppelmollsubdominante (⸲̄s)
h-Moll	Dominantgegenklang (Dg)
H-Dur	Dominantdurgegenklang (DG)

Alle diese Dreiklänge lassen sich ohne weiteres in Kadenzen von C-Dur bzw. c-Moll sinnvoll einbauen. Sie sind somit sämtlich geeignet, im Bedarfsfall den modulatorischen Kern zu bilden, unabhängig davon, ob man das tonale Zentrum C verlassen oder erreichen will. Im ersten Fall bildet der gewählte Akkord das Ende des Bereiches von C (die Fortsetzung wird im Kadenzbereich der Zieltonart erfolgen), im zweiten den Anfang (vorausgegangen ist der Bereich einer fremden Ausgangstonart, während die Fortsetzung mit einer Kadenz in C gebildet wird).

Für den Anfänger ist dieses umfangreiche Material, wie es im Prinzip gleich auch in jeder anderen Tonart aufgestellt werden kann, kaum zu überblicken. Um einige Fertigkeit im Ausführen von Schulmodulationen zu erlangen, empfiehlt es sich, die Möglichkeiten zunächst auf einige formelhafte Wendungen zu beschränken, dabei sollte als Faustregel gelten:

a) Modulation im Quintenzirkel „abwärts" (in Richtung B-Seite)
   brauchbare Umdeutungsakkorde:
   Mollsubdominante (s)
   Neapolitaner (N, N̦)
   Molltonikagegenklang (tG)
   Dursubdominantparallele (Sp)

b) Modulation im Quintenzirkel „aufwärts" (in Richtung Kreuz-Seite)
   brauchbare Umdeutungsakkorde:
   Dominante (D)
   Durtonikaparallele (Tp)
   Dursubdominantparallele (Sp)
   Dominantparallele (Dp)

Für die Zieltonart gilt:

a) wenn von einer „unten" liegenden Tonart anmoduliert wird
   brauchbare Umdeutungsakkorde:
   Mollsubdominante (s)
   Molltonikagegenklang (tG)

b) wenn von einer „oben" liegenden Tonart anmoduliert wird
   brauchbare Umdeutungsakkorde:
   Durtonikaparallele (Tp)
   Dursubdominantparallele (Sp)
   Dominantparallele (Dp)

In den nachstehenden Beispielen ist gezeigt, wie bei Benutzung einer Mollsubdominante (ausgehend von C-Dur oder c-Moll) abwärts moduliert werden kann.

C → Es (f-Moll ist in Es-Dur Sp)

C → As (f-Moll ist in As-Dur Tp)

C → Des (f-Moll ist in Des-Dur Dp)

Entsprechend wird bei Modulationen aufwärts die Mollsubdominante der Zieltonart als modulatorischer Kern benutzt.

C → A (d-Moll ist in C Sp und in A s)

C → E (a-Moll ist in C Tp und in E s)

C → H (e-Moll ist in C Dp und in H s)

Im Prinzip verhält man sich ähnlich, wenn andere Funktionen als modulatorische Kerne benutzt werden. Wichtig ist, in jedem Fall eine passende Kadenzformel zur Verfügung zu haben, um den harmonischen Verlauf in Ausgangs- und Zieltonart zu glätten (bei zweifelhaften Verbindungen Zwischendominanten einschieben; auch Umkehrungen benutzen!).

Außer Dur- und Molldreiklängen eignet sich auch der verminderte Dreiklang zu gewissen Modulationen; er kann sein:

II. Stufe in Moll

IV. Stufe in Moll oder Dur (als Subdominante mit *sixte ajoutée*)

VI. Stufe in Moll

VII. Stufe in Dur oder Moll

b) Modulation durch enharmonische Umdeutung

Diese Technik benutzt einen **vagierenden Akkord** (siehe I C, 6 b) als modulatorischen Kern. Die Besonderheit der vagierenden Akkorde liegt darin, daß diese je nach Schreibweise ihren tonalen Bezug verändern können. In der Modulation ist diese Eigenschaft nutzbar, da ein solcher Akkord immer gerade so interpretiert werden kann, wie es in einer bestimmten Situation vorteilhaft ist. In der korrekten Notation wird eine derartige Umdeutung durch enharmonische Verwechslung eines oder mehrerer Töne des Akkordes sichtbar. Von den hieraus erwachsenden vielseitigen Möglichkeiten seien im folgenden einige Beispiele mit **verminderten Septakkorden** und **übermäßigen Quintsextakkorden** gezeigt.

Für den Anfänger empfiehlt es sich, diese Akkorde immer so zu setzen, daß sie als **Doppeldominanten der Zieltonart** erscheinen (es besteht keine Schwierigkeit, von irgendeiner Ausgangstonart zu einem solchen Akkord zu gelangen, da bei dieser Modulationstechnik alle chromatischen Möglichkeiten von Anfang an zur Verfügung stehen).

1. Modulation mit dem verminderten Septakkord

Dieser Akkord ist so zu wählen, daß er als Doppeldominante der Zieltonart mit Terz oder Quinte im Baß erscheint. Deshalb ist es wichtig, sich die feststehenden Schlußformeln, wie sie bei Benutzung dieses modulatorischen Kerns entstehen, in jeder Tonart einzuprägen.

Zieltonart ist C-Dur (oder c-Moll).

(Selbstverständlich sind die Formeln auch in anderen Lagen zu spielen; auch die Vorhaltsbildung in der Dominante kann anders gestaltet werden. Es bleibt in jedem Fall darüber hinaus noch die Möglichkeit, die Kadenz nach der Dominante zu verlängern durch Trugschluß oder andere Nebenharmonien.)

Wesentlich für das Gelingen der Modulation ist, daß der v e r m i n - d e r t e   S e p t a k k o r d, der ja den modulatorischen Kern darstellt, rückbezüglich auch noch als Funktion der Ausgangstonart zu werten ist. Bei der Vielseitigkeit dieses Akkordes, der nicht nur als D o m i n a n t e von vier verschiedenen Tonarten, sondern auch noch als N e b e n n o t e n - a k k o r d einer harmonischen Funktion oder als Z w i s c h e n d o m i - n a n t e aufgefaßt werden kann, ist der Rückbezug meist ohne Schwierigkeit festzustellen.

Alle diese Beispiele münden in den Vorhaltsquartsextakkord der Dominante von C. Würde eine Umdeutung nicht erfolgen, wären die Folgeakkorde jeweils wieder Bestandteile der Ausgangstonart. Zur Erklärung:

a) As — C; der verminderte Septakkord ist ursprünglich Zwischendominante zur Subdominante und müßte sich ohne Umdeutung zum Des-Dur-Dreiklang in Sextakkordstellung auflösen;

b) H — C; der verminderte Septakkord ist Zwischendominante zur Subdominante (E-Dur-Dreiklang);

c) Es — C; der verminderte Septakkord ist Nebennotenakkord zur Tonika und könnte sich wieder zum Es-Dur-Dreiklang in Sextakkordstellung auflösen — eine enharmonische Verwechslung ist in diesem Fall auch bei Umdeutung nicht erforderlich;

d) E — C; der verminderte Septakkord ist Dominante und könnte sich ohne Umdeutung zur Tonika E weiterbewegen.

2. Modulation mit dem übermäßigen Quintsextakkord

Ein **ü b e r m ä ß i g e r   Q u i n t s e x t a k k o r d** steht im Satz

als **D o p p e l d o m i n a n t e**
auf dem abwärtsweisenden Leitton zum Dominantgrundton einer Tonart; seine Auflösung erfolgt zum Vorhaltsquartsextakkord der Dominante (a, b);

als **S u b d o m i n a n t e**
auf dem Subdominantgrundton einer Tonart; seine Auflösung erfolgt zum Sextakkord der (Dur)tonika mit angehängter Kadenz S—D—T (c, d):

Wenn diese Akkorde als Funktionen der Zieltonart benutzt werden, lassen sie sich entweder mit Hilfe chromatischer Stimmführung erreichen (a)
oder stehen zunächst als dominantische Septakkorde: als Z w i s c h e n -
d o m i n a n t e (b) oder einfache D o m i n a n t e (c), die durch enharmonische Verwechslung der Septime zur übermäßigen Sexte umgedeutet
werden.

Selbstverständlich kann auch umgekehrt der übermäßige Quintsextakkord auf der Dominante oder Doppeldominante einer Tonart durch
enharmonische Verwechslung der übermäßigen Sexte zu einem Dominantseptakkord einer anderen Tonart umgedeutet werden.

4) Fragen, Übungsaufgaben

a) Fragen

1) Was versteht man unter „Modulation"?

2) Was ist der Unterschied zwischen „Modulation" und „Ausweichung"?

3) Welche Hauptarten von Modulationstechniken gibt es?

4) Aus welchen drei Formelementen setzt sich eine Modulation zusammen?

5) Wie lassen sich die Harmonien S und D unverwechselbar charakterisieren?

6) Was ist unter „Umdeutung" zu verstehen?

7) Was ist unter „enharmonischer Umdeutung" zu verstehen?

8) In welcher Weise ist ein übermäßiger Quintsextakkord einzusetzen und wie löst er sich auf?

9) Wie ist eine Modulation mit Hilfe eines verminderten Septakkordes auszuführen?

10) Was ist eine „Rückung"?

11) Worin unterscheidet sich eine Schulmodulation von den modulatorischen Vorgängen in Musikstücken?

b) Schriftliche Aufgaben

1) Schreibe modulatorische Vorgänge mit Hilfe von Funktionssymbolen auf!

2) Schreibe die Bässe von Modulationen auf und beziffere sie mit Generalbaßzeichen!

3) Schreibe Modulationen (verschiedener Arten) im Satz auf!

4) Versuche, die harmonischen Vorgänge so zu gestalten, daß selbständige Formgebilde entstehen!

5) Gestalte Modulationen formal, satztechnisch und melodisch zu selbständigen kleinen Musikstücken, die motivisch gearbeitet sind (thematische Elemente können frei erfunden oder der Literatur — etwa Volksliedern — entnommen werden)!

c) Übungen am Klavier

1) Spiele die Baßbewegung einfachster Modulationen!

2) Spiele Modulationen vierstimmig homophon:
   a) durch Umdeutung
   b) durch enharmonische Umdeutung mit Hilfe des verminderten Septakkordes
   c) durch enharmonische Umdeutung mit Hilfe des übermäßigen. Quintsextakkordes!

3) Spiele Modulationen verschiedener Arten im freien Klaviersatz!

4) Versuche, die Modulationen melodisch-motivisch zu gestalten!

D Harmonisierungstechnik

1) *Allgemeines*

H a r m o n i s i e r u n g s t e c h n i k ist dann anzuwenden, wenn eine gegebene Melodie mit harmonisch deutenden und erklärenden Akkorden versehen werden soll.

Im Gegensatz zum „polyphonen Satz", in welchem Stimmen mit einem wesentlichen Gehalt an melodischer und rhythmischer Eigenständigkeit zu einem *cantus firmus* (der etwa die Funktion eines *primus inter pares* einnimmt) gesetzt werden, läßt der einfache „homophone Satz" der gegebenen Stimme Priorität und andere Stimmen bestenfalls harmonisch stützen und füllen.

Ein anspruchsvoller Satz wird sich damit freilich nicht begnügen, sondern harmonisch und melodisch so starke Akzente setzen, daß der gegebenen Melodie echte neue Aussagewerte abgewonnen werden, auch wenn ihre Vorherrschaft nicht geschmälert wird; dies allerdings ist ohne Kenntnisse der Technik des polyphonen Satzes nur unzulänglich realisierbar.

Die Grundzüge der einfachsten Harmonisierungstechnik sind im folgenden zusammengefaßt.

a) Der Satz wird unter Berücksichtigung einer zuvor festgelegten Anzahl und Anordnung der Einzelstimmen oder des Instrumentariums angelegt (drei- oder vierstimmiger gemischter Chor, einstimmig vokal mit Instrumentalbegleitung, Chor mit Instrumentalbegleitung, o. a.).

Grundsätzlich ist beim Satz für Singstimmen zu beachten, daß die Stimmlagen eingehalten, daß unsangbare melodische Wendungen vermieden werden und der Text gemäß seiner metrischen Ordnung sinnvoll den einzelnen Stimmen unterlegt werden kann.

Demgegenüber ist der Instrumentalsatz in jeder Hinsicht freier. Rücksichten auf Silbenzahl, Stimmumfang und Sangbarkeit müssen hier nicht oder nur wenig genommen werden. Es ist jedoch auch hier von Bedeutung, daß eine Stimme von dem Instrument, für das sie geschrieben ist, technisch ausgeführt werden kann.

Besonderheiten ergeben sich beim Satz oder der „Begleitung" für Klavier, das als Akkord- und Tasteninstrument anderen Gesetzmäßigkeiten unterliegt als Melodieinstrumente (die Anlage eines Klaviersatzes ist nach Vorbildern zu studieren!).

b) Die Charakteristik einer Melodie ist maßgebend für ihre Verarbeitung im Satz. Es dominieren drei Gesichtspunkte:

1) Tempo der Melodie

2) rhythmische Charakteristik

3) Wort-Ton-Verhältnis (syllabische oder melismatische Textierung).

2) *Das Kirchenlied*

Die Harmonisierung von Kirchenliedmelodien, wie sie aus didaktischen Gründen mit Vorliebe beim Studium der Harmonielehre von Anfang an gepflegt wird, ist unter folgenden Gesichtspunkten zu gestalten:

a) Der Satz ist für vierstimmigen gemischten Chor anzulegen.

b) Die Melodie liegt in den ersten Übungen in der Oberstimme, später soll sie auch als Tenorstimme verarbeitet werden.

c) Der Satz soll h o m o p h o n sein: jeder Melodieton, der Silbenträger ist, wird mit einem selbständigen Akkord versehen; alle Stimmen haben zu gleicher Zeit dieselbe Textsilbe.

d) Maßgebend für die harmonische Gestaltung ist die Struktur der Melodie; diesbezüglich sind insbesondere zu berücksichtigen:

1) Formstruktur

2) tonale Basis der einzelnen Formteile

3) Wechsel der tonalen Basis.

e) Stilistische Prinzipien sollten bei der Anlage eines Satzes zum wesentlichen Kriterium werden — größte Exponenten sind beispielsweise die Kantionalsätze aus der Zeit von Hassler, Praetorius und Schütz (etwa zwischen 1590 und 1630) und die Choralsätze Bachs und seiner Zeit. Die Unterschiede müssen unbedingt durch Analyse von Originalliteratur bewußt gemacht werden!

Harmonisierungspraxis

a) Das Lied ist auf seine tonale Beschaffenheit zu untersuchen (die melodischen und harmonischen Charakteristika der Kirchentöne treten gerade bei dieser musikalischen Gattung besonders deutlich zutage; es ist unbedingt erforderlich, daß sie bekannt sind und berücksichtigt werden) (siehe auch die Anmerkung auf Seite 95).

b) Die Melodie ist formal zu analysieren und die Lage ihrer Einschnitte festzustellen (hierbei sollte auch der Zusammenhang zwischen I n t e r - p u n k t i o n des Textes und m u s i k a l i s c h e r F o r m aufmerksam beobachtet werden!). Beim Harmonisieren ist jeder Formeinschnitt kadenzierend zu beenden.

c) Es ist festzustellen, welche T o n a r t e n bei den inneliegenden Abschnitten auskadenziert werden; ferner ist zu bestimmen, ob es zur Gestaltung einer Kadenz der vorhergehenden Modulation zu der betreffenden Tonart bedarf oder ob die Tonartverhältnisse bleiben beziehungsweise ob es genügt, mit Hilfe einer Zwischenkadenz eine Ausweichung herbeizuführen.

d) Sind die Kadenzen bekannt, ist für die noch restlichen Melodietöne eine sinnvolle Harmonik zu finden.

e) Nach Festlegung des harmonischen Plans muß die B a ß s t i m m e ausgeführt werden. Zunächst sollte zum Prinzip gemacht werden, Akkorden in Grundstellung den Vorzug zu geben. Sextakkorde sind nur anzuwenden, wenn sie sich durch eine günstige Baßbewegung gut weiterführen lassen und die Baßlinie dadurch gewinnt. Quartsextakkorde sind zu vermeiden, lediglich der Vorhaltsquartsextakkord kann vereinzelt in kadenzierenden Wendungen vorkommen.

Ist eine Beschränkung auf die stilistischen Möglichkeiten des K a n - t i o n a l s a t z e s beabsichtigt, sollte auf den Dominantseptakkord und auf alle anderen Akkorde, die komplizierter als einfache Dur- und Moll-dreiklänge sind, verzichtet werden (ausgenommen hiervon sind der v e r - k ü r z t e Dominantseptakkord und die S u b d o m i n a n t e m i t *sixte ajoutée*).

Vorhalte sollen unter Beachtung einer sauberen Stimmführung an passenden Stellen — insbesondere in den Kadenzen — miteingearbeitet werden.

Die Möglichkeiten sind im Bachschen Choralsatz sehr viel größer — Erweiterungen der Akkordik und kompliziertere tonale Verhältnisse können aber erst dann als Mittel benutzt werden, wenn die typischen Charakteristika des Choralsatzes der Bachschen Zeit ausreichend bekannt sind.

f) Beim Ausfüllen des Satzes mit den beiden Mittelstimmen ist darauf zu achten, daß die Regeln der strengen Stimmführung eingehalten werden (Mittelstimmen werden besser, wenn sie wenig Bewegung haben!).

3) Das Volkslied

Es ist zu unterscheiden zwischen Liedtypen, in denen homophon nach dem Prinzip „Note gegen Note" — also ähnlich wie im Kirchenliedsatz — zu harmonisieren ist, und solchen, in denen das harmonische Metrum nicht identisch ist mit der rhythmischen Bewegung.

Der erste Typus ist daran zu erkennen, daß er in relativ ruhigem Tempo und in einfacher, syllabisch textierter Rhythmik gehalten ist.

Beispiele: „Der Mond ist aufgegangen"

„Nun will der Lenz uns grüßen"

„Der Jäger in dem grünen Wald"

Der zweite Typus bevorzugt meist ein belebteres Tempo und ist melodisch so gestaltet, daß jeweils mehrere Melodietöne zu einer harmonischen Funktion gehören.

Beispiele: „Ach, bittrer Winter"

„Zum Tanze, da geht ein Mädel"

„Ich hab die Nacht geträumet"

Zur e i n f a c h e n Harmonisierungstechnik eignet sich der erste Typus besser. Man kann im Prinzip hier verfahren, wie es auch bei der Choralharmonisierung geschieht: Festlegung der formalen Gestalt mit ihren Kadenzbildungen, nach Planung der Harmonik Ausführungen der Baßlinie, schließlich Einsetzen der Mittelstimmen. Es empfiehlt sich aber, die Baßlinie etwas selbständiger und großzügiger als im Choral zu gestalten, was schon dadurch begünstigt wird, daß hier nicht jeder einzelne Akkord selbständig sein muß, sondern auch als Durchgangs-, Vorhalts- oder Nebennotenakkord behandelt werden kann (was im Choralsatz nicht üblich ist).

Die Lieder des zweiten Typus lassen sich nur dann sinnvoll setzen, wenn das „harmonische Metrum" bekannt ist.

Unter h a r m o n i s c h e m M e t r u m ist ein latenter metrischer Puls zu verstehen, der sich zwar am Taktschlag orientiert, der aber unter Umständen mehrere metrische Einheiten zu einem Wert zusammenzieht, zum Beispiel:

harmonisches Metrum

Die entscheidende Bedeutung für den musikalischen Satz ist, daß gewöhnlich Akkorde nur im Tempo des metrischen Pulses aufeinanderfolgen, also nicht jede Melodienote einen eigenen Akkord erhält, sondern jeweils die ganze innerhalb des harmonisch-metrischen Schlages enthaltene Melodiegruppe. Selbst dann, wenn textbedingt auch die anderen Stimmen mehrere Noten innerhalb eines solchen metrischen Wertes enthalten, werden die Harmoniewechsel im Vergleich zum Choralsatz drastisch eingeschränkt. Wie wenig Harmonien in einem solchen Fall unter Umständen nur benötigt werden, sei an dem Lied „Im Märzen der Bauer" gezeigt.

Liedrhythmus
harmonisches
Metrum
(ganztaktig)

Harmonik (nicht als „Satz" ausgeführt)

Die Lieder dieses Typus eignen sich besonders gut zu einer freieren satztechnischen Gestaltung, da bei länger stehenden harmonischen Funktionen großzügigere Stimmbewegungen (und auch eine insgesamt großzügigere Behandlung der Formeln von den harmoniefremden Tönen) ermöglicht werden. Je freier der Satz in der harmonischen Auffassung ist, desto weniger empfindlich ist er gegenüber Verstößen gegen traditionelle Verbote (dies gilt unter Umständen auch für Quint- und Oktavparallelen). Insgesamt sollten bei Ausführung dieser Sätze die Stimmen so locker wie in polyphonen Sätzen gestaltet werden, ohne aber an die traditionellen Formeln des strengen kontrapunktischen Satzes gebunden zu sein.

Es sollte auch beachtet werden, daß sich manche Melodien gut für eine Bearbeitung mit Bordunbässen oder ostinaten Gegenstimmen eignen.

4) Schriftliche Aufgaben

1) Harmonisiere alle bisher noch nicht bearbeiteten Choräle und Volksliedmelodien!

2) Schreibe kurze Instrumentalsätze als Vor-, Zwischen- und Nachspiele
   zu bestimmten Volksliedern!

3) Schreibe Volksliedkantaten für Chor- und Instrumentalbesetzung:

   a) bearbeitet wird ein einziges Lied, dessen Strophen verschiedenartig
      gesetzt werden; instrumentale Ritornelle sollen die Strophen mit-
      einander verbinden;

   b) bearbeitet werden mehrere Lieder, die in irgendeinem Sinnzu-
      sammenhang zueinander stehen; die Lieder werden durch freie,
      überleitende Instrumentalstücke miteinander verbunden, dazu wird
      ein instrumentales Vorspiel gesetzt.

E Harmonische Analyse

1) Die Technik der harmonischen Analyse

Der einzelne Akkord ist erst dann als harmonische Funktion deutbar, wenn das tonale Zentrum, auf das er sich bezieht, bekannt ist. Eine tonale Basis aber existiert nur als der gemeinschaftliche Bezug mehrerer sinnvoll aneinander gereihter Harmonien. Dank dieser Tatsache muß die harmonische Analyse das methodische Prinzip befolgen, wonach zuerst die Frage der Tonalität zu klären ist, bevor die weiteren Details der Harmonik zu definieren sind.

Ein geschlossenes dur-moll-tonales Musikstück steht gewöhnlich in einer ganz bestimmten Tonart, der H a u p t t o n a r t, welche die Komposition wie ein roter Faden als harmonisches Zentrum durchzieht. Zahlreiche Ausnahmen von diesem Prinzip allerdings finden sich

> in offenen Sätzen überleitender Art;
> in Rezitativen;
> in Stücken vor allem des 19. Jahrhunderts, die oft zwischen terzverwandten Tonarten pendeln, ohne daß eine von ihnen als Haupttonart zu definieren ist;
> in größeren Opernszenen mit häufig wechselnder tonaler Basis.

Trotz Bindung an eine Haupttonart gehört es mit zu den Merkmalen einer anspruchsvollen Komposition, daß die tonale Basis gelegentlich wechselt und neben der Haupttonart vor allem auch quint- und terzverwandte Tonarten im Bereich kürzerer oder ausgedehnterer Abschnitte das tonale Zentrum bilden.

Die jeweils gültige tonale Basis ist zu erkennen

a) an der Beschaffenheit des benutzten Tonmaterials;

b) an den kadenzierenden Harmonien, welche die spezifischen Charakteristika bestimmter Tonarten zum Ausdruck bringen.

Der Wechsel von einer tonalen Basis zu einer anderen zeigt sich durch modulierende Harmoniefolgen an, sofern er nicht durch eine Rückung vollzogen wird.

Bei einer Analyse der Akkordik sind die folgenden Gesichtspunkte besonders zu beachten:

a) Akkorde werden gebildet aus dem Tonmaterial einer Tonart und seinen möglichen Erweiterungen durch chromatische Erhöhungen und Erniedrigungen; dabei gewinnen solche chromatischen Veränderungen besondere Bedeutung, die durch Einbeziehung des leitereigenen Materials der jeweiligen Variante gewonnen werden.

b) Jede Dreiklangsharmonie ist, ohne zwingende Änderung ihrer tonalen Funktion, zum Septakkord, Nonen- oder Undezimenakkord erweiterungsfähig.

c) Alteriert werden insbesondere Akkorde der Dominante, der Subdominante (meist die *sixte ajoutée*) und Zwischendominanten; im Prinzip ist es aber möglich, daß in Einzelfällen auch Töne anderer Akkorde alteriert erscheinen.

d) Bei Akkorden, die nicht in den Bereich der hier aufgezeigten Möglichkeiten fallen, ist zu untersuchen,

  1) ob es sich um Harmonien handelt, die mit Hilfe von Nebentönen entstellt sind (unaufgelöste oder erst später aufgelöste Vorhalte, Durchgangs- und Wechselnoten, freie Ajoutierungen);

  2) ob es funktionslose Nebentonakkorde sind, die aus einer mehr oder weniger zufälligen Kombination von Durchgangs-, Wechselnoten, Vorausnahmen und Vorhalten gebildet sind;

  3) ob die Akkorde aus dem Material verschiedener, aber gleichzeitig wirkender Funktionen bestehen (Mischharmonien); häufig anzutreffen sind Funktionsmischungen bei Orgelpunkten, Bordunbässen, Haltetönen und in polytonalen Komplexen ganze Funktionsfolgen gleichzeitig wirkender Tonarten.

Bei einer Analyse der verwandtschaftlichen Beziehungen harmonischer Funktionen untereinander und zum tonalen Zentrum ist das Augenmerk auf die folgenden Punkte zu lenken:

a) Neben den Quint- und direkten Terzverwandtschaften sind gewöhnlich auch die Quintverwandtschaften höherer Grade, entfernte Terzverwandtschaften und (seltener) die Terzverwandtschaften höherer Grade in Gebrauch. Verblüffend wirkende Harmoniefolgen beruhen sehr oft auf Verbindungen entfernt terzverwandter Beziehungen.

b) Ist die für einen Abschnitt gültige tonale Basis nicht ohne weiteres zu erkennen, wird es erforderlich sein, die Harmonik vom Ende her „aufzurollen", da am Ende einer harmonischen Gruppe meist die Tonika oder Dominante einer (nach Modulationen) angezielten oder (sofern nicht moduliert wurde) für den ganzen Komplex gültigen Tonart steht.

c) Je komplizierter Akkorde aufgebaut sind, desto leichter lassen sie sich mit nur geringfügiger Stimmbewegung (oft nur leittönige und chromatische Bewegung neben liegenden Tönen) miteinander verbinden. Da sich auf diese Weise sehr leicht die tonale Basis ändert, ist besonders darauf zu achten, ob hier nur „chromatische" Akkordverbindungen ohne Wechsel des tonalen Bezugsfeldes oder aber Modulationen stattfinden; ein Tonartwechsel muß durch die Folgeharmonien erhärtet werden.

d) Akkorde, die sich nicht in das Verwandtschaftsgefüge einer gültigen Tonart einordnen lassen, sind insbesondere auf ihren Bezug zur nachfolgenden und vorausgehenden Harmonie zu untersuchen; Zwischenharmonien, die sich nicht auf die gültige Tonart, sondern auf die umgebenden harmonischen Funktionen beziehen, gibt es überaus häufig, ganz besonders in Form von Zwischendominanten.

2) Besonderheiten

a) Sequenz

Harmonische Sequenzen sind entweder „tonal" oder „real". Die t o n a l e S e q u e n z benutzt leitereigenes Material ohne Rücksicht auf die Tatsache, daß auf den einzelnen Tonleiterstufen teilweise verschiedenartige Akkorde entstehen. Eine funktionale Analyse solcher Folgen ist meist nicht sehr ergiebig. Notwendig ist hingegen, das Modell zu kennzeichnen und die jeweiligen Stufen, von denen aus es anläuft, zu benennen:

An diesem Beispiel ist zu erkennen, daß aus einer reinen Funktionsbezeichnung der Akkorde die sequenzierende Bewegung kaum abzulesen ist. Deutlicher läßt sich der Vorgang kennzeichnen, wenn das Modell der Sequenz verklammert und die jeweilige Ausgangsposition funktional (oder als Stufe) bezeichnet wird:

Die **reale Sequenz** behält ihr Modell intervallgetreu bei und korrigiert somit die diatonischen harmonischen Stufen. Damit kommen automatisch Töne ins Spiel, die vom leitereigenen Material abweichen. Die reale Sequenz kann trotzdem im (weiteren) Bereich einer Tonart bleiben, es ist aber auch möglich, daß sie unter Umgehung einer echten Modulation in einen anderen tonalen Bereich gelangt:

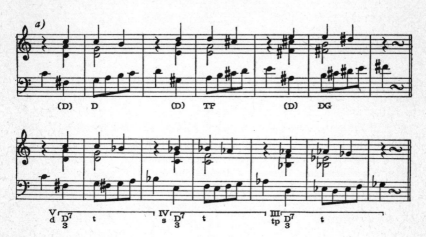

b) Mixturharmonik

Mixturharmonien sind Klänge, die aus Additionen von Intervallen zu einem Hauptton entstehen, ohne eigenständige harmonische Funktionen zu bilden. Die Basis für einen Mixturklang bildet gewöhnlich ein einzelner Ton (es sind in komplizierteren Fällen allerdings auch mehrere Basen denkbar), der im harmonischen Bezug nicht Grundton einer Funktion ist, sondern nur Glied einer melodischen Bewegung. Mixturakkorde erscheinen meist in Serien, ihr typisches Bild ist eine Kette gleichartiger, parallel geführter Akkorde — nicht immer ist bei solchen Bewegungen eindeutig auszumachen, welche der parallelen „Stimmen" die Hauptstimme ist.

Beethoven, Sonate op. 2,3 4. Satz

Debussy, Präludium aus „pour le piano"

Originalverlag Eds. Jobert, Paris. Rechte für Deutschland: Ahn & Simrock, Bühnen- u. Musikverlag, Wiesbaden — Berlin.

c) Stehende Klangfelder

Akkordfolgen oder Stimmbewegungen vollziehen sich oft im Bereich eines großen harmonisch-funktionalen Feldes; sie sind in solchen Fällen nicht als selbständige Funktionen zu betrachten, sondern nur die durch Bewegung belebte Erfüllung eines mehr oder minder ausgedehnten statischen Klangbereiches. Besonders typisch für dieses Phänomen, das oft in spätromantischer und impressionistischer Musik anzutreffen ist, sind kreisende melodische Bewegungen, die nicht selten mit Mixturklängen angefüllt sind.

Debussy, Sarabande aus „pour le piano"

Originalverlag Eds. Jobert, Paris. Rechte für Deutschland: Ahn & Simrock, Bühnen- u. Musikverlag, Wiesbaden — Berlin.

Zur Erklärung: großer Nonenakkord über fis, der sich zuletzt zu einer Subdominante mit *sixte ajoutée* in gis-Moll (oder der II^7 dieser Tonart) klärt. Die melodische Kontur kreist zunächst in einem Ganztontetrachord um fis, angereichert mit parallel laufenden Mixturen, um sich zuletzt im reinen Akkordmaterial festzusetzen.

3) Aufgaben

1) Analysiere die Zitate aus der Literatur in Kap. III G, 2!

2) Analysiere ausgewählte Musikstücke aus verschiedenen Stilbereichen!

HAUPTTEIL III

A Einstimmige Vorübungen

Aufgabe 1

Erfinde einstimmige Melodien von vier Takten Länge nach gegebenen rhythmischen Mustern:

a) im **Q u i n t r a u m** (die ersten fünf Töne der Dur- oder Molltonleiter);

b) im **O k t a v r a u m** bei plagaler Lage des Tonmaterials (das Material setzt sich zusammen aus dem oberen Quintraum einer Tonart und dem unterhalb des Grundtons angesetzten 2. Tetrachord — der Grundton liegt dann etwa in der Mitte des Tonmaterials);

c) im **R a u m   e i n e r   N o n e** (das Tonmaterial besteht aus einer normalen Dur- oder Molltonleiter, die durch den Leitton unterhalb des unteren Grundtons erweitert wird).

Die Melodien sollen in verschiedenen Tonarten erfunden werden und der Tonlage jeweils einer bestimmten Stimmgattung (Sopran, Alt, Tenor, Baß) entsprechen.

Sofern die Melodien volltaktig beginnen, ist mit dem Grundton der Tonart zu beginnen und zu enden. Auftaktige Melodien können mit Grundton, Terz oder Quinte beginnen und sollen mit dem Grundton schließen.

Rhythmische Modelle als Grundlagen der Melodieerfindung (bilde auch Varianten dieser Rhythmen und erfinde selbst ähnliche rhythmische Modelle, die sich zur Melodiebildung eignen!):

Aufgabe 2

Erfinde ähnliche Melodien, jetzt aber als a c h t t a k t i g e P e r i o - d e n , die sich aus z w e i H a l b s ä t z e n zu je vier Takten zusammensetzen.

Im achten Takt muß die Melodie auf einem betonten („männlicher Schluß") oder unbetonten („weiblicher Schluß") Wert mit dem Grundton der Tonart enden.

Der vierte Takt soll „Halbschluß" sein — hier muß die Bewegung vorübergehend zur Ruhe kommen; die Melodie darf aber nicht den Grundton der Tonart als Ruheton erhalten!

B Vorübungen zur Akkordik

Aufgabe 1

Schreibe beliebige D u r - und M o l l d r e i k l ä n g e , v e r m i n - d e r t e und ü b e r m ä ß i g e D r e i k l ä n g e auf, und zwar:

- a) auf einem Notensystem in enger oder weiter Lage und auf zwei Notensystemen (Violin- und Baßschlüssel); es sollen keine Töne verdoppelt oder oktaviert werden.
- b) auf zwei Notensystemen mit beliebig vielen Tonverdopplungen (unter Verwendung beliebig vieler Töne).

Definiere in jedem Fall die jeweilige „Lage" und „Stellung" des Akkordes.

Aufgabe 2

Schreibe die D o m i n a n t s e p t a k k o r d e beliebiger Tonarten auf, und zwar:

- a) auf einem System in enger Lage und in allen Stellungen;
- b) auf zwei Systemen in enger oder weiter Lage in allen Stellungen.

Definiere in jedem Fall Stellung und Lage des Akkordes und bezeichne ihn mit Hilfe von Funktionssymbolen und Generalbaßbezifferungen.

Aufgabe 3

Schreibe v e r m i n d e r t e S e p t a k k o r d e auf einem oder zwei Systemen in verschiedenen Lagen und Stellungen auf.

Aufgabe 4

Bilde andere Septakkordmodelle (k l e i n e r und g r o ß e r M o l l - s e p t a k k o r d, g r o ß e r D u r s e p t a k k o r d, k l e i n - v e r m i n - d e r t e r und g r o ß - ü b e r m ä ß i g e r S e p t a k k o r d) und schreibe sie auf einem oder zwei Systemen in verschiedenen Lagen und Stellungen auf.

Aufgabe 5

Bilde große und kleine Nonenakkorde und bezeichne sie mit Hilfe von Funktionssymbolen und Generalbaßbezifferungen.

Aufgabe 6

Schreibe v e r m i n d e r t e S e p t a k k o r d e auf und bilde zu jedem von ihnen alle möglichen enharmonischen Verwechslungen; stelle fest, zu welcher Tonart jeder einzelne so entstehende Akkord gehört.

Aufgabe 7

Schreibe ü b e r m ä ß i g e D r e i k l ä n g e auf und bilde zu jedem von ihnen alle möglichen enharmonischen Verwechslungen; stelle fest, zu welcher Tonart jeder einzelne so entstehende Akkord gehört.

C Vorübungen zur Akkordverbindung

Aufgabe 1

a) Stelle die nachstehenden Verbindungen der durch Buchstaben symbolisierten Dreiklänge (Großbuchstaben = Durdreiklang, Kleinbuchstaben = Molldreiklang) mit drei Stimmen dar. Töne, die in aufeinanderfolgenden Akkorden gemeinsam enthalten sind, sollen grundsätzlich in ihrer Stimme liegen bleiben.

Es ist bei Lösung dieser Aufgabe ohne Bedeutung, ob die Akkorde in Grundstellung oder einer Umkehrung erscheinen; die jeweilige Stellung ergibt sich ganz zwangsläufig bei konsequenter Anwendung der strengen Stimmführungsgesetzmäßigkeiten.

Stimmen, die nicht liegenbleiben können, bewegen sich zum jeweils nächstliegenden Akkordton.

1. C a F d G e a F C

2. As f Des b Es c f Des As

3. E cis A fis H gis cis A E

4. C As f Des b Ges es c a D fis H gis E a F C

In verschiedenen Ausgangslagen beginnen, z. B.:

Anfang der 1. Übung in

Quintlage   Oktavlage   Terzlage

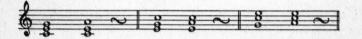

b) Stelle dieselben Dreiklänge jetzt mit den vier Stimmen Sopran, Alt, Tenor, Baß dar. Bei Behandlung der einzelnen Stimmen sind folgende Grundsätze zu beachten:

Die drei Oberstimmen werden behandelt wie in Aufgabe 1a. Die Baßstimme hingegen folgt anderen Gesetzmäßigkeiten. Sie bewegt sich jeweils von einem Akkordgrundton zum nächsten, wodurch alle Akkorde in Grundstellung erscheinen. Es ist darauf zu achten, daß die Baßstimme stets tiefste Stimme bleibt und nicht versehentlich über den Tenor gerät. Bei richtiger Lösung der Aufgabe wird der Grundton einer jeden Harmonie zweimal im Akkord zu finden sein.

Aufgabe 2

Stelle die nachstehenden Dreiklänge im vierstimmigen Satz dar (die Stimmführung ist nach denselben Prinzipien wie in Aufgabe 1b zu gestalten). Verbindungen von Akkorden, die keinen gemeinsamen Ton enthalten, werden grundsätzlich so behandelt, daß die drei Oberstimmen in Gegenbewegung zum Baß weiterschreiten (in solchen Fällen hat der Baß den jeweils kürzesten für ihn möglichen Weg zu gehen; ein Sekundschritt etwa ist einem Septimsprung vorzuziehen!).

1. C F G e d a f C
2. E H cis A fis gis A E
3. f Des b As c b F

Die Übungen sind in verschiedenen Ausgangslagen zu beginnen und sollen nach beliebigen anderen Tonarten transponiert werden.

Aufgabe 3

Stelle die nachstehenden Dreiklangverbindungen im vierstimmigen Satz dar. Die Aufgabe enthält jetzt auch Akkordumkehrungen (durch das jeweilige Generalbaßsymbol im Zusammenhang mit dem Buchstabensymbol gekennzeichnet). In Akkorden in Grundstellung und in Quartsextakkorden wird der Grundton verdoppelt; in Sextakkorden wird die Oktavierung des Baßtons nach Möglichkeit vermieden oder auf Fälle beschränkt, in denen sie sich aus einer logischen Stimmführung von selbst ergibt (die Verdoppelung von Akkordgrundton oder Quinte ergibt in Sextakkorden meist ein besseres klangliches Resultat).

Bei unvorsichtiger Stimmbehandlung entstehen in diesen Aufgaben fehlerhafte Parallelführungen (Quint-, Oktav- oder Einklangsparallelen)!

1. C G^6 C F^6 C^6 F a G C
2. C C^6 f Des^6 Ges es^6 As F^6 Des$^6_4$ Ges es C^6 F D^6 G C

Die Aufgaben sind in verschiedenen Ausgangslagen zu beginnen und nach beliebigen Tonarten zu transponieren.

Aufgabe 4

Stelle die nachstehenden Verbindungen von Dreiklängen und Septakkorden im vierstimmigen Satz dar (es sind jeweils kleine Septimen in

Dur- oder Molldreiklängen zu ergänzen). Die Septakkorde lassen sich im vierstimmigen Satz entweder vollständig ohne Tonverdopplung oder unvollständig bei fehlender Quinte und Verdopplung des Grundtons darstellen. Im Normalfall bewegt sich die Septime abwärts weiter — bei vollständigen Septakkorden stößt die Weiterführung aber oft auf Schwierigkeiten und die Stimmen lassen sich nicht in jedem Fall nach strengsten Gesetzmäßigkeiten bewegen.

1. C G^6_5 C G^4_3 C^6 F d^7 G^7 C a^7 d^7 G^7 C

2. A d^6 E^7 fis D E^4_3 A E^6_5 A D $E^{\overset{6}{4}}_2$ A^6 D A

Die Aufgaben sind in verschiedenen Ausgangslagen zu beginnen und nach beliebigen Tonarten zu transponieren.

D Vorübungen zum funktionalen Satz

Die nachstehend durch Funktionssymbole dargestellten Harmoniefolgen sollen im vierstimmigen Satz unter strengster Beachtung der Stimmführungsgesetzmäßigkeiten dargestellt werden.

Jedes Beispiel ist in verschiedenen Tonarten zu lösen.

1. T S D T_3 S D $\underline{{}^{6\ 5}_{4\ 3}}$ T

2. t s_3 D $t_{\overset{}{1}}\underline{}$ $s_{13}\underline{}$ D$^{6\ 5}_{4\ 3}$ $t_{\overset{3}{8}\,\overset{}{7}}\underline{}_{3\ 1}$ D$\underline{4\ 3}$ $t_{\overset{5}{3}\,\overset{6}{4}\,\overset{5}{3}}$

3. T S Sp D_3 T Tp $s^{\overset{6}{5}}$ D^7 T

4. t tG $s^{\overset{6}{5}}_7$ D_3 t_5 D^7 t_3 s$_3$ D$\underline{{}^{6\ 5}_{4\ 3}}$ t

5. T Tg S D Tp Sp D^7_3 T T_3 S D^7 T

6. t D^7_5 t_3 s_3 D$\underline{4\ 3}$ D_7 t_3 D^7_5 t tG $s^{\overset{6}{5}}$ D$\underline{8\ 7}$ t

7. t TP s tp Sp_3 s tg TG t

8. T D^7_5 (D^7_3) S (D$^{\overset{9>}{7}}_3$) D$\underline{{}^{6\ 5}_{4\ 3}}$ T_3 (D)$_7$ Tp $(D^7_5)_3$ Tp S^6 D$\underline{{}^{6\ 5}_{4\ 3}}$ T

9. t (D)$_7$ s_3 (D$^7_5$)$^{[s]}$ (D$^{\overset{9>}{7}}_3$) D$\underline{4\ 3}$ (D^7_5) tP D^7_5 t s D$\underline{{}^{6\ 5}_{4\ 3}}$ t

10. T (D^7_5) Tp (D^7_5) S (D^7_5) Sp s^6_3 D^7_3 (D) S_3 $s^{\overset{6}{5}}$ D$\underline{{}^{6\ 5}_{4\ 3}}$ T

E Bezifferte Bässe

Die nachstehenden Aufgaben sind vierstimmig in weiter oder enger Lage zu setzen.

F Bezifferte Melodien

Die nachstehenden Melodien (Formeln, Kirchenlieder, Volkslieder) sind vierstimmig im Sinne der angegebenen Funktionszeichen zu setzen.

Ringe recht, wenn Gottes Gnade   18. Jh.

Liebe, die du mich zum Bilde   17. Jh.

Herr, habe acht auf mich   17. Jh.

Sollt es gleich bisweilen scheinen 18. Jh.

Nun sich der Tag geendet hat 17. Jh.

Herzliebster Jesu 16. Jh.

G Harmonische Analyse

1) Bestimmung und Auflösung von Einzelakkorden

Jeder der nachstehenden Akkorde steht für sich und nicht in einem Zusammenhang mit dem vorangehenden oder nachfolgenden! Die einzelnen Akkorde sind zu benennen und im Hinblick auf ihre tonale Zugehörigkeit funktional zu bezeichnen (in den meisten Fällen sind mehrere Deutungen möglich).

Nach der jeweils festgelegten funktionalen Bedeutung eines Akkordes ergibt sich fast zwangsläufig eine bestimmte Folgeharmonie, die unter Berücksichtigung der strengen Stimmführungsregeln eingetragen werden soll.

2) Harmonische Analyse von Beispielen aus der Literatur

Die nachstehenden Zitate aus größeren Werken sollen harmonisch analysiert werden. Zur Erzielung von richtigen Ergebnissen ist es unerläßlich, die tonale Basis eines Abschnittes oder, falls modulatorische Vorgänge dargestellt werden, die verschiedenen tonalen Zentren zu bestimmen, ehe die Einzelheiten der harmonischen Funktionen definiert werden.

Die Vorzeichen der Beispiele sind nicht immer verläßliche Zeichen für eine gerade herrschende Tonart, da in größeren Werken die tonalen Zentren häufig wechseln und Ausschnitte nicht immer direkt auf die Haupttonart beziehbar sind (vgl. die Anweisungen zur Analyse in Kap. II E).

Anmerkung. Die Zitate sind teilweise der besseren Lesbarkeit wegen vereinfacht dargestellt, außerdem wurde auf Mitteilung von Dynamik, Phrasierung und Artikulation verzichtet, sofern diese nicht der Verdeutlichung harmonischer Vorgänge dienen.

Joh. Seb. Bach, Matthäus-Passion (Choral Nr. 38)

1)

Joh. Seb. Bach, Trio g-Moll

2)

Joh. Seb. Bach, Sinfonia Nr. 4

3)

4) Joh. Seb. Bach, Fuge C-Dur

C. Ph. E. Bach, C. Ph. E. Bachs Empfindungen (Fantasie)

5)

L. v. Beethoven, Variationen op. 35 (Nr. 3)

6)

L. v. Beethoven, Sonate op. 13 (3. Satz)

7)

L. v. Beeethoven, Variationen „Das Waldmädchen" (Nr. 11)

8)

9)

L. v. Beethoven, 6 leichte Variationen (Thema)

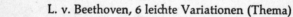
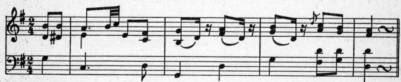

L. v. Beethoven, Sonate op. 14, 2 (2. Satz)

10)

L. v. Beethoven, Sonate op. 13 (1. Satz)

11)

L. v. Beethoven, Variationen c-Moll (Nr. 30)

12)

Fr. Schubert, Sonate op. 143 (D. 784) (1. Satz)

13)

Fr. Schubert, Sonate op. 122 (D. 568) (4. Satz)

Fr. Schubert, Sonate c-Moll (D. 958) (1. Satz)

Fr. Schubert, Sonate op. 53 (D. 850) (2. Satz)

Fr. Schubert, Impromptu op. 90,2 (D. 899)

R. Schumann, Papillons op. 2 (Nr. 1)

R. Schumann, Novelette, op. 21, 1

R. Schumann, Novelette, op. 21, 4

R. Schumann, „Warum" aus op. 12

P. Cornelius, „Trauer"

R. Wagner, Die Meistersinger (3. Akt, 1. Szene)

23)

R. Wagner, Die Meistersinger (3. Akt, 2. Szene)

24)

R. Wagner, Die Meistersinger (3. Akt, 3. Szene)

25)

R. Wagner, Tristan und Isolde (Vorspiel)

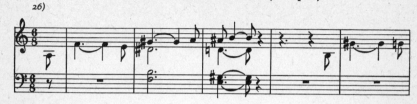

R. Wagner, Tristan und Isolde (1. Akt, 2. Szene)

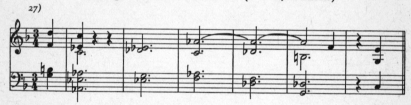

R. Wagner, Tristan und Isolde (2. Akt, 1. Szene)

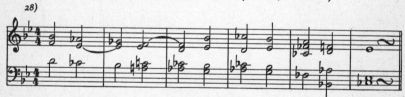

R. Wagner, Tristan und Isolde (2. Akt, 2. Szene)

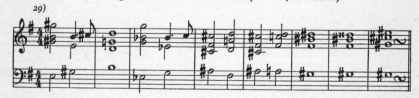

R. Wagner, Tannhäuser (Ouverture)

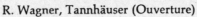

R. Wagner, Tannhäuser (3. Akt, 3. Szene)

R. Wagner, Die Meistersinger (3. Akt, 5. Szene)

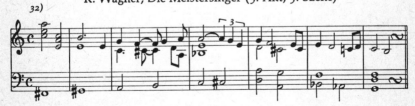

Joh. Brahms, Variationen op. 9 (Nr. 7)

Joh. Brahms, Capriccio op. 76,2

Joh. Brahms, Intermezzo op. 76,7

Joh. Brahms, Intermezzo op. 76,3

Joh. Brahms, Intermezzo op. 119,1

M. Mussorgsky, Bilder einer Ausstellung (Nr. 8)

R. Strauss, Till Eulenspiegel

Mit Genehmigung von C. F. Peters, Frankfurt/M.

Cl. Debussy, Children's corner (The little shepherd)

Mit Genehmigung von Editions Durand & Cie, Paris

Cl. Debussy, Pour le piano (Prélude)

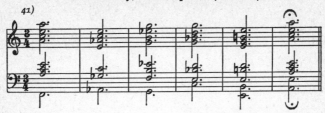

Originalverlag Eds. Jobert, Paris. Rechte für Deutschland: Ahn & Simrock, Bühnen- u. Musikverlag, Wiesbaden — Berlin

Cl. Debussy, Prélude à l'après-midi d'un faune

Originalverlag Eds. Jobert, Paris. Rechte für Deutschland: Ahn & Simrock, Bühnen- u. Musikverlag, Wiesbaden — Berlin.

M. Reger, Scherzo op. 44,6

Mit Genehmigung der Universal-Edition, Wien

M. Reger, Aus meinem Tagebuch op. 82 (Nr. 2)

44)

Mit Genehmigung von Bote & Bock, Berlin — Wiesbaden

M. Reger, Sonatine op. 89,2 (2. Satz)

45)

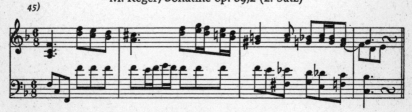

Mit Genehmigung von Bote & Bock, Berlin — Wiesbaden

M. Ravel, Le Tombeau de Couperin (Forlane)

46)

Mit Genehmigung von Editions Durand & Cie, Paris

M. Ravel, Le Tombeau de Couperin (Rigaudon)

47)

Mit Genehmigung von Editions Durand & Cie, Paris

M. Ravel, Sonatine (2. Satz)

Mit Genehmigung von Editions Durand & Cie, Paris

D. Milhaud, Saudades do Brazil (Nr. 2)

Mit Genehmigung von Editions Max Eschig, Paris

D. Milhaud, Saudades do Brazil (Nr. 7)

Mit Genehmigung von Editions Max Eschig, Paris

H Melodien zur freien Bearbeitung

1) *Kirchenlieder*

Die nachstehenden Melodien in Dur und Moll sind vierstimmig in gemischter Lage zu setzen. Der *cantus firmus* soll zunächst als Sopran-
stimme, später auch als Tenorstimme bearbeitet werden. Es empfiehlt sich,
die Hinweise zur Harmonisierungstechnik in II D, 2 sorgfältig zu studieren.

> Anmerkung. Es sei hier darauf aufmerksam gemacht, daß eine Bearbei-
> tung von kirchentonalen Melodien Kenntnisse der charakteristischen
> harmonischen Eigengesetzlichkeiten aus der Zeit des 16. und beginnenden
> 17. Jahrhunderts voraussetzt. Es wurde deshalb darauf verzichtet, in der
> nachstehenden Sammlung Melodien wiederzugeben, die sich nicht ohne
> weiteres mit den Mitteln eines funktionalen Dur-Moll harmonisieren
> lassen.
>
> Zur Aneignung von Kenntnissen hinsichtlich der harmonischen Ver-
> hältnisse bei kirchentonalen Melodien sei hier das Studium des Spezial-
> werkes „Der vierstimmige homophone Satz — die stilistischen Merkmale
> des Kantionalsatzes" vom gleichen Verfasser (Wiesbaden 1965) empfohlen.

Lobt Gott, ihr Christen alle gleich

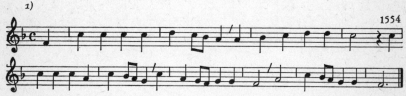

Lobe den Herren, den mächtigen König

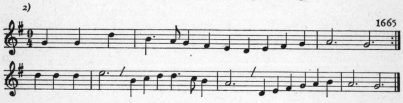

Herr Gott, dich loben alle wir

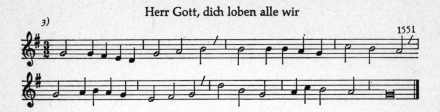

Heiliger Geist, du Tröster mein

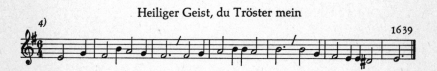

Mein Seel, o Herr, muß loben dich

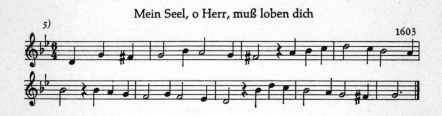

Steht auf, ihr lieben Kinderlein

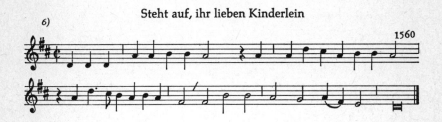

Wie soll ich dich empfangen

Ich steh an deiner Krippen hier

8)

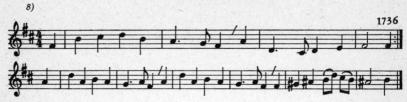

1736

Wir danken dir, Herr Jesu Christ

9)

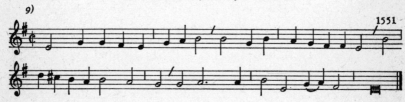

1551

Gott sei Dank durch alle Welt

10)

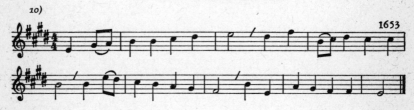

1653

Wir Christenleut han jetzund Freud

11)

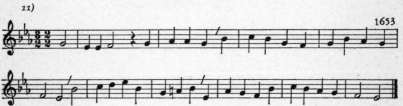

1653

O Traurigkeit, o Herzeleid

Wir wollen singen ein' Lobgesang

Ermuntre dich, mein schwacher Geist

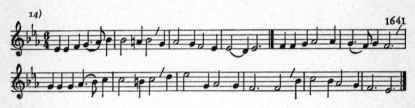

Freut euch, ihr lieben Christen all

Lobet den Herrn und dankt ihm seine Gaben

Der Tag bricht an und zeiget sich

Jesus, meine Zuversicht

Ich freu mich in dem Herren

Jesu, meine Freude

Gib dich zufrieden und sei stille

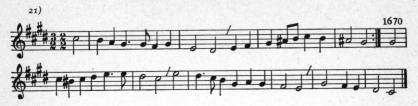

2) *Volkslieder*

Die nachstehenden Liedmelodien können auf verschiedenartige Weise bearbeitet werden:

a) drei- oder vierstimmige Sätze für Chor in verschiedenen möglichen Stimmkombinationen (gemischter Chor, Frauen- oder Männerchor);

b) mehrstimmiger Chor mit Instrumentalbegleitung;

c) Solostimmen mit Instrumentalbegleitung.

Aus dem melodischen Material der Lieder läßt sich zudem die motivische Substanz zur Komposition von freien instrumentalen Vor-, Zwischen- und Nachspielen gewinnen.

Hinsichtlich der anzuwendenden Satztechnik sei auf die Erörterung technischer Einzelheiten in Kap. II D, 3 aufmerksam gemacht.

Abendlied

Freut euch, ihr Schäfersleut

aus Nordmähren

Freut euch, ihr Schä - fers - leut, freut euch ins Feld!

Ich hab wohl mei - ne Freud' auf die - ser Welt.

Gestern bei Mondenschein

aus Sudetenschlesien

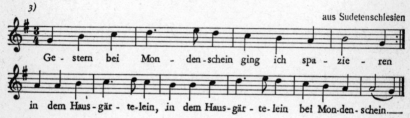

Ge - stern bei Mon - den-schein ging ich spa - zie - ren

in dem Haus-gär - te-lein, in dem Haus-gär - te-lein bei Mon-den-schein.

Ach, bittrer Winter

16. Jh.

Ach, bitt - rer Win - - ter, wie bist du kalt!
Du hast ent - lau - - bet den grü - nen Wald.

Du hast ver - blüht die Blüm - lein auf der Hei - den.

Herzlieb, ich hab vernommen

aus Siebenbürgen

Herz - lieb, ich hab ver - nom - men, daß du sollst scheiden von mir. Wann

wirst du wie-der-um kom - men? Das sollst du sa - gen mir.

Es waren zwei Königskinder

6)   19. Jh.

Es waren zwei Kö - nigs - kin - der, die hatten ein-an-der so lieb, sie

konnten zu - sam-men nicht kom - men, das Wasser war viel___ zu tief.

Der Mond ist aufgegangen

7)   J. A. P. Schulz 1790

Der Mond ist auf - ge - gan - gen, die gold-nen Stern-lein
der Wald steht schwarz und schwei - get, und aus den Wie - sen

1.
2.

pran - gen am Him - mel hell und klar,
stei - get der wei - ße Ne - bel   wun - der - bar.

Die beste Zeit im Jahr

8)   16. Jh.

Die beste Zeit___ im Jahr ist mein, da sin - gen al - le Vö - ge-lein.

Himmel und Er-den ist der'r voll, viel gut___Ge-sang da___ lau-tet wohl.

Maria durch den Dornwald ging

9)   19. Jh.

Ma - ri - a durch den Dornwald ging, Ky-rie_e-lei - son. Ma - ri - a durch ein

Dornwald ging, der___ hat in sieb'n Jahr'n kein Laub getrag'n. Je - sus und Ma - ri - a.

O Tannenbaum

10)

19. Jh.

O Tan - nen-baum, o Tan - nen-baum, du trägst ein'n grü - nen

Zweig, der Win - ter, den Som - mer, das dau'rt die lie - be Zeit.

Sterben ist ein' harte Buß

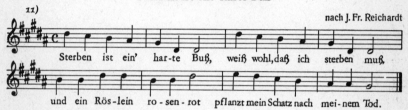

11)

nach J. Fr. Reichardt

Sterben ist ein' har-te Buß, weiß wohl, daß ich sterben muß,

und ein Rös-lein ro - sen-rot pflanzt mein Schatz nach mei-nem Tod.

Ach, Elslein

12)

16. Jh.

Ach, Els - lein, lie - bes El - se-lein mein, wie gern wär ich bei

dir! So sein zwei tie - fe Was - ser wohl zwischen dir und mir.

Nun will der Lenz uns grüßen

13)

17. Jh.

Nun will der Lenz uns grü - ßen, von Mit - tag weht es lau;
aus al - len Ek - ken sprie - ßen die Blu - men rot und blau.

Draus wob die braune Hei - de sich ein Gewand gar fein und

lädt im Fest - tags - klei - de zum Mai - en - tan - ze ein.

Wohlauf, ihr Wandersleut

Der Jäger in dem grünen Wald

Wer will mit uns nach Island gehn

Zum Tanze, da geht ein Mädel

17)

aus Schweden

Zum Tanze, da geht ein Mädel mit gül-de-nem Band. Das schlingt sie dem

Burschen gar fest um die Hand, das schlingt sie dem Burschen gar fest um die Hand.

Drei Laub auf einer Linden

18)

16. Jh.

Drei Laub auf ei - ner Lin-den blü-hen al - so wohl, ja wohl; sie

tät viel tausend Sprünge, ihr Herz war freudenvoll, ich gönn's dem Maidlein wohl.

Bunt sind schon die Wälder

19)

J. Fr. Reichardt

Bunt sind schon die Wäl-der, gelb die Stop - pel-fel-der, und der Herbst beginnt.

Ro - te Blät-ter fal - len, graue Ne - bel wal - len, küh-ler weht der Wind.

Es geht ein dunkle Wolk herein

20)

17. Jh.

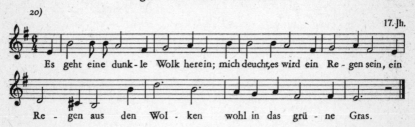

Es geht eine dunk - le Wolk herein; mich deucht, es wird ein Re - gen sein, ein

Re - gen aus den Wol - ken wohl in das grü - ne Gras.

Es ist ein Schnitter

Es ist ein Schnit-ter, heißt der Tod, hat G'walt vom gro — ßen
Gott. Heut wetzt er das Mes – ser, es schneid't schon viel bes-ser, bald
wird er drein schneiden, wir müssen's nur lei – den. Hüt' dich schön's Blümelein!

So treiben wir den Winter aus

So trei-ben wir den Win-ter aus durch uns – re Stadt zum Tor hinaus mit
sein'm Betrug und Li – sten, den rech – ten An – ti – chri – sten.

Es taget vor dem Walde

Es ta – get vor dem Wal – de, stand uf, Kät-ter-
lin! Die Ha-sen lau-fen bal – de, stand uf, Kätter-lin! Holder Buhl,
hei – a – ho! Du bist min, so bin ich din! Stand uf, Kä-ter – lin.

In deines Vaters Gärtelein

Ich hab die Nacht geträumet

Schäfer, sag, wo tust du weiden?

Es wohnt ein Kaiser an dem Rhein

27)

aus der Mark Brandenburg

Es wohnt ein Kai-ser an dem Rhein, der hat drei schö-ne Töch-ter-

lein, Töchter-lein, der hat drei schö-ne Töchter-lein.

Es kommt ein Schiff

28)

17. Jh.

Es kommt ein Schiff, ge-la - den, bis an sein höch-sten

Bord; trägt Gottes Sohn voll Gna - den, des Va-ters e-wig's Wort.

Es saß ein klein wild Vögelein

29)

aus Siebenbürgen

Es saß ein klein wild Vö-ge-lein auf ei-nem grü-nen Äst-chen; es

sang die gan - ze Win-ter-nacht, die Stimm, die mußt ihm klin-gen.

Den Ackermann soll man loben

30)

aus Lothringen

Den Ak-ker-mann soll man lo - ben und preisen auf die - -ser

Er-de. Man soll ihn lo - ben al-so recht, er ist fürwahr un-ser

Herrgottsknecht all-hier auf die - ser Er - de, ja Er - de.

Verzeichnis der Musikbeispiele in III, G 2

Verzeichnis der bezifferten Choralmelodien in III, F

Verzeichnis der unbezifferten Choralmelodien in III, H

Verzeichnis der unbezifferten Volkslieder in III, H

Stichwortverzeichnis